顧客の心はこうしてつかめ！

伸びる企業・沈む企業の明暗を分けるものとは

西村秀幸

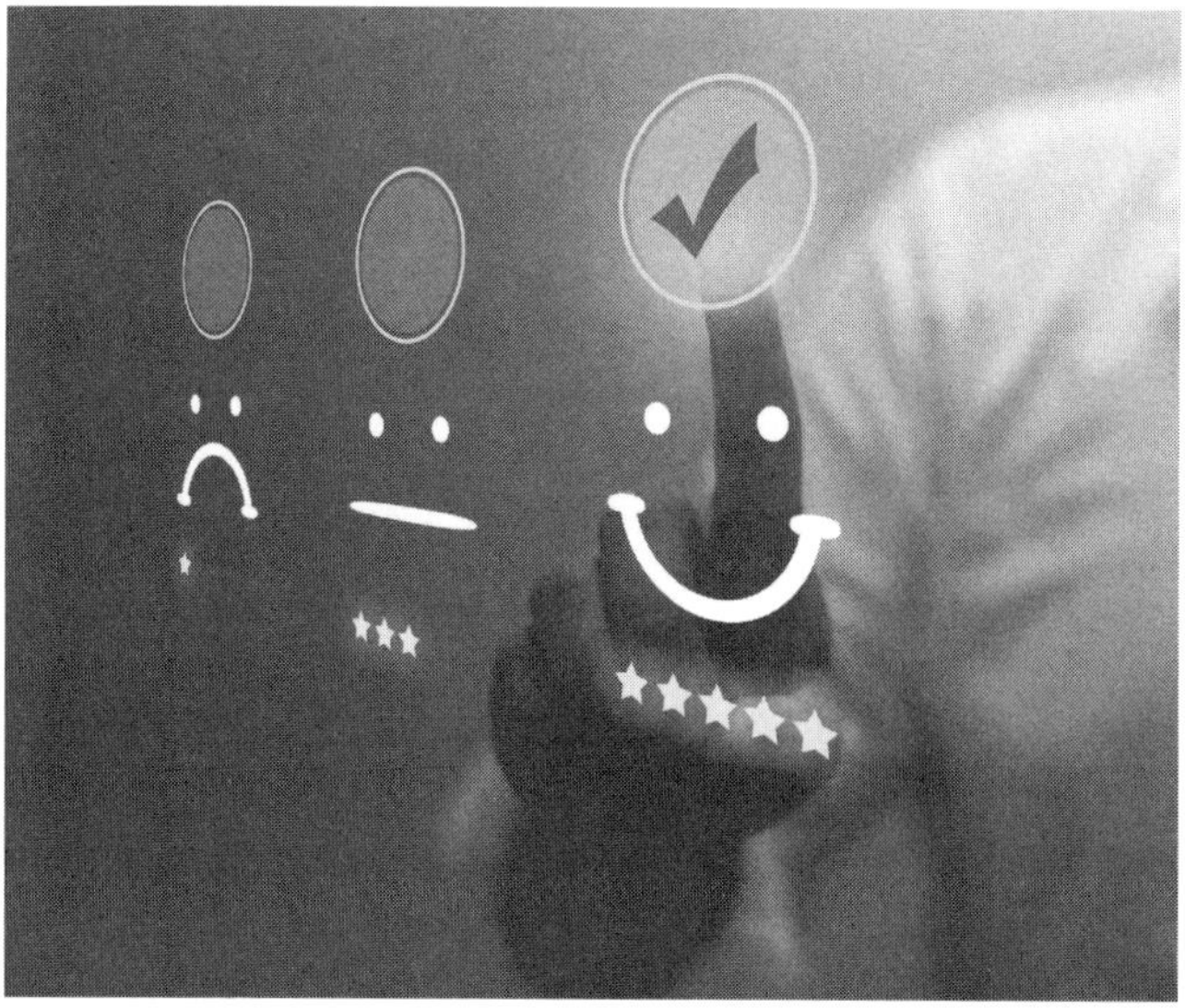

KKベストブック

はじめに

２０１９年10月1日、消費税の10％への引き上げと軽減税率の導入が実施された。この内容を周知するべく、同年の6月ごろから各地の商工会議所・商工会・業界団体などに出向き、軽減税率や同時に推進されているキャッシュレス決済に関するセミナーの講師を務めた。セミナーの性格上、主な対象は小売業（軽減税率関連は飲食業・食品販売業）が中心である。軽減税率やキャッシュレス決済導入には、補助金をはじめとする多数の支援策が出されている。例えば、軽減税率では「対応レジ導入に関する補助」といったものがあり、キャッシュレス推進では「ポイント還元制度」などがその代表だ。

7月も終わりに近づくころ、軽減税率対応レジの紹介をしているレジ販売会社の営業マンが、「今、ご注文をいただいても、9月までは納品できない機種があります」と説明をしていた。さらに、「ポイント還元制度」も8月に入ってから申請をしたのでは、10月の開始時期までに登録が間にあわないといわれはじめた。ところが、9月に行った同様のセミナーの質疑応答では、まだ対応レジの必要性や「ポイント還元制度」の仕組みについて、問う声が多くあったのだ。

小売業はその性格上、比較的短期的視野で商売を行う傾向が強い。ゆえに、このような問題が起きるのは仕方のないことだ。しかし、対応レジの補助金の締め切りは延長されたが、「ポイント還元制度」は10月1日までに登録できなかった事業者も少なくない。少しでも早く情報を入手し、その対応を積極的に行った事業者はその恩恵をフルに受けたが、そうでなかったところは出遅れたことになったわけだ。

バブル経済期以前は、「勘」や「時点対応」でも商売が成り立った。しかし、今では事前に情報を収集・分析して、それを戦略に活かしていくことが必要になってきているのだ。小著においてさまざまな事例を紹介しているが、つまるところはポジショニングやターゲティングをはじめとした、精度の高いマーケティングをしっかりと行い、それに基づいた事前準備をした企業が、最終的には「勝ち組」になっている。これからの事業の成否は、状況分析・計画・実行管理といったことに対し、いかに積極的に注力したかによって、決まってくるといっても過言ではないだろう。

目次

第４章　不調な企業は何が問題なのか？

第1章

好調・不調を分ける内因

●消費者ニーズの多様化

バブル経済が崩壊して以降、安定した企業経営というものがなくなった。高度成長期やバブル経済期など、すべてが右肩上がりで成長している時、あるいは土地などの資産が価値を落とさないという前提にある時は、とりあえず何らかの施策を打てば、良い結果につながることが多かった。ゆえに、勘や経験則に頼った経営であったとしても、一定の結果を出すことができたのだといえよう。しかし、現在ではそういった前提がすべてなくなった。すなわち、過去の成功の延長線上には未来の成長は存在しなくなり、過去の事例と現在の状況から未来を予測して、新たにビジネスモデルを構築しなければならない時代になってきたということだ。

さらにもう一つ、バブル経済の崩壊時期に発生した変化がある。それは、価値観の相違による消費者ニーズの多様化だ。特に我が国は、海に囲まれているという地理的な事情もあって、古くから閉鎖的な環境に置かれていたために、独自の文化を形成してきたといわれている。こういった背景があったために以前の日本国民が持っていた価値観は、全体的に共通する部分が多かったのではないだろうか。

このことを芸能界で例を挙げると、1950年代の美空ひばり・三波春夫といった国民的スーパースターの存在がそうである。小さな子供から高齢者に至るまで、彼らを知らない者はいない。だから、映画は内容よりも美空ひばりが先にありきで企画され、彼女を主人公にしたシリーズが何本も続いたのだ。また、１９６４年の東京オリンピックや１９７０年の大阪万国博覧会では、三波春夫が当たり前のようにテーマソングを担当したのである。

しかし、現在ではそのような国民的スーパースターは存在しない。年末のＮＨＫ紅白歌合戦に出場する歌手ですら、視聴者にしてみればファンでなければよくわからないということも多い。視聴率も同様だ。国民的番組といわれた水戸黄門は最高視聴率43・７％を記録するなどしていたが、昨今のドラマは10％が成功の目安になるラインとされている。それだけ、国民の志向が分散化したということなのだ。

その主たる原因は、ＩＴの発達とグローバル化にみることができるといえよう。情報技術の進化で、世の中に最も大きな影響を与えたのはインターネットだ。このシステムは、いつでも・どこでも・誰でも簡単に世界とつながることができる。加えて、国内市場の閉塞感を打破しようとして、企業が盛んに海外進出、あるいは海外の物品・文化・システムなどを取り入れてグローバル化を推進した。これらにより、新しい情報や価値観が広く一般に普及することになったのである。こうなると、人々の志向は共通した大きな塊ではなく、それぞれ小さな塊となって細かく分かれていくことになる。

このことを、パスタで考えてみよう。多くの日本人は1980年頃まで、ミートソースとナポリタンしか知らなかった。ゆえにパスタは、喫茶店やレストランのメニューの一つにすぎなかったのである。しかし、現在はペペロンチーネやカルボナーラなど多数の種類が知られるようになった。パスタを専門とする店舗が登場して、パスタ好きの間で人気を集めている。もちろん、ミートソースやナポリタンしか知られていなかった時代でも、本場のイタリアにはさまざまなパスタが存在していた。ただ、ほとんど日本には入っていなかっただけである。二種類しか知らなければ、選択肢は自ずと限られてくる。しかし、たくさん種類があれば好みによって分散することになる。これが「多様化」なのだ。これからの事業成功のカギは、どのようにしてこういった状況の変化に対応していくのかということなのであろう。

●SWOT分析でポジショニング

バブル経済が崩壊する以前、すなわち紆余曲折しながらも拡大傾向が続いている状況にあった時には、基本的にビジネスは大きく・広く展開するというのがセオリーであった。小売店舗の大型化や、フランチャイズシステムによる急速な拡大は、その最たるものといえよう。価格帯でいえば、ミドルレンジやローエンドといったボリュームゾーンをターゲットにし、幅広い品揃えによる大量販売を行うわけだ。その申し子ともいえるのがＧＭＳ（ゼネラル・マーチャンダイズ・ストア、総合スーパー）であり、ショッピングモールである。

しかし、物品・サービス・情報といったものが巷にあふれ、それらが国境という垣根を越えてグローバルに往来するようになれば、消費者の選択肢は大幅に増加するため、志向の分散化が発生する。物理的に大きな店舗は品揃えにおいてＥＣストアに勝てなくなり、クオリティでは専門店に敗れた。結果、「いろいろ売っているが、欲しいものは一つもない」と揶揄されるようになり、衰退の道を歩むことになったのである。

志向の分散化、すなわち消費者ニーズの多様化は、ハイエンド・ミドルレンジ・ローエンドといった価格帯の形成を、ピラミッド型から鉛筆型に変化をさせた。要するに、ボリュームゾーンが消滅したということである。そのため、ビジネスは大きく・広く展開するのではなく、小さく・深く・堅実に営まなければならなくなった。この時、企業にとって重要になるのが自らの事業の特色である。

バブル経済期に、企業でＣＩ（コーポレーション・アイデンティティ）がもてはやされた。ロゴを変えたり新製品を出したりして、まるでお祭り騒ぎのようであった。本来、ＣＩは「経営理念の明確化」「企業文化の構築」などといわれるもので、要は企業が「自分は何者であるか」と「どこへ行くのか（何をするのか）」を再認識する手段なのである。もう少しわかりやすくいうと、「現状把握」と「目標（目的）設定」を行い、企業哲学に沿って目標達成プロセスを組み立てるということだ。この「現状把握」をポジショニングといい、その手段としてＳＷＯＴ分析が欠かせないのである。

ＳＷＯＴ分析は企業のまわりで発生する、あるいは発生する可能性がある事象に関して、横を「企業内部に起因するもの（内部環境）」、「企業外部に起因するもの（外部環境）」、縦を「良い影響を与えるもの（良影響）」「悪い影響を与えるもの（悪影響）」とするマーケティング手法の一つだ。「企業内部に起因する良い影響を与えるもの」を「強み」、「企業外部に起因する良い影響を与えるもの」を「機会」、「企業内部に起因する悪い影響を与えるもの」を「弱み」、「企業外部に起因する悪い影響を与えるもの」を「脅威」と位置付ける。

そして、「強み」をどのように活かすか、「機会」はどのよう

SWOT分析

に利用するか、「弱み」をどのように克服するか、「脅威」はどのように防衛するかということを細かく検討する。営利企業の場合は、基本的に「強み」と「機会」から主戦略を検討し、「弱み」と「脅威」については弱点克服を実施する。このようにして、企業の立ち位置と目標・方向性といったものを明確にすると同時に、細かなユーザーニーズに応えることで、信頼を得ることができるようになるのである。

●結果は三つの要素から成立する

「目標」を持てば、それを達成させる必要に迫られる。例えばある店舗が、１日の売上目標を１００万円に設定すれば、それを何としても達成させようと、無理な努力をしてしまう可能性がでてくるということだ。もちろん、「目標」が入念に検討されて導き出されたものであれば、達成させなければ意味がない。しかし、達成することに目を奪われると、いつしか大切なのが「目標」ではなく、達成させること自身にすり替わってしまう。「目標」にはそういった危険性が孕んでいるのである。

１日に売上１００万円の「目標」を達成させようとした時、閉店間際の売上が95万円しかなければ、たまたま来店している客に無理な販売をしたり、従業員が購入したりといった手段をとってしまう場合がある。逆に、夕方頃に100万円に達してしまっている時なら、その後の販売活動がおざなりになることも少なくない。「目標」は「あるべき姿」であるから、そこに到達させることは非常に大切なことだ。しかし、その一点に固執しすぎると事業活動そのものが、「あるべき姿」から逸脱しかねないのである。

この場合は、100万円を達成するために立てた計画を、営業時間中は実行し続けることが本筋である。「目標」である100万円は、それを行うことで得られるはずの結果にすぎないということだ。このように、「目標」の達成は事業活動の「結果」として捉えるべきであって、その成否にのみ固執すると本筋を見失ってしまうということである。

「目標」が事業活動の結果として達成するか否かは、三つの要素から成り立っていると考えられる。それは、人でいうと「運」と「努力」と「才能」で、これらの掛け算によって「結果」が導き出されているのだ。例えば受験の場合、得意な問題が出るか否かは「運」であり、試験のための勉強を行うことは「努力」であり、知識は「才能」である。これらを十分に習得していれば合格という結果を得られることになる。

事業の場合、「努力」は事業活動を一所懸命に行うことであるから比較的理解しやすい。「才能」

は知的・人的・物的財産のことだ。特許・実用新案だけではなく、得意なことやノウハウなどはすべて知的財産に含まれるといえよう。人的財産は、どのような人がいるかということだ。これは必ずしも、研究者や技術者だけではない。事務処理のノウハウや、営業力なども含まれる。また、現在事業に関係がないことでも、個人が持つ資格や得意技なども立派な「才能」といえる。

「運」は少し難しい。なぜなら、解釈が変化してきているからだ。バブル経済期以前は、まさに文字通りに「運」であった。「やってみなければわからない」、「多分こうなるだろう」といった経験則から生まれる勘のようなものだ。もちろん、現在でもそれが否定されているわけではない。ただ、消費者ニーズの多様化に対応するため、綿密なマーケティング調査が行われるようになってきた。そのため、かなり正確な予測が立てられるようになってきたのだ。すなわち、「運」とは事業の「環境予測」であって、正確には「運」というよりその分析力という方が、実態に合ってきたのである。

●軸となる創業の精神

実は、企業には実体がない。例えば、トヨタ自動車という会社で考えてみよう。確かに、この会社は存在して製品を世に送り出しているが、実際に見ることはできない。本社ビル・製品・工場・

社長といったものを確認することは可能だが、会社そのものは登記簿で「存在する」とされているだけであって、実体に触れることはできないのである。要するに、企業は概念上で存在しているにすぎないということだ。

とはいえ、トヨタ自動車は有名であるからどんな企業か世間によく知られている。しかし、多くの会社は必ずしも世間に認知されているとはいえない。だから、製品・商品・サービスを買ってもらったり利用してもらったりするためには、さまざまな方法でアプローチをしなければならないのである。そのためには、まず企業としての性格付けをはっきりさせておく必要がある。これは人づきあいと同様で、友達になりたければ自分をよく知ってもらう必要があるのと同じことだ。

人間は実体があるので、自分がどのような人間かということをいちいち確認する必要はない。しかし、企業はそうではないのだからまず性格付けを明確にしなければならないのだ。その基となるのが、創業の精神である。創業者は、それぞれが相応の思いを込めて事業を始めたはずだ。例えば自動車メーカーであれば、乗りやすい自動車でドライブを楽しんでほしいという企業もあれば、性能の良い自動車で運転を楽しんでもらいたいなどといった企業もある。この違いが、企業ごとの性格になるわけだ。

消費者はこの企業の性格をみて、自分にはどの企業の製品が合うのかということを決める。ボリュームゾーンがある時代であれば、それがはっきりしていなくても価値観に大きな差がないので、一度軌道に乗れば事業が成り立った。しかし、ユーザーニーズが多様化すれば志向が分散し、自分と合う特徴を持つ企業のものを手に入れようと、消費者は考える。ゆえに、これからは企業の性格付けをどのようにするかが、重要な戦略になってくるのである。

●組織は「合力」

個人事業者は、原則的に一人で仕事をする。内容によってはタスクなどを組み合同で行うこともあるが、基本単位は個人である。よって、個人の力量や方向性がそのまま仕事にあらわれる。一人の力がすべてということだ。これに対して、組織は複数の人間が仕事にかかわる。それは、必ずしも利益を生み出す営業のタスク単位のことだけではない。総務・経理・人事など、会社の運営にかかわるスタッフ部門も含まれている。個人であれば、規模は小さくてもこれらのことをすべて一人で行う。営業をして仕事を請け負ったあと、請求・回収・支払いなどもすべてやらねばならないのだ。ゆえに、その責任と利益はすべて個人に帰結することになる。

組織では、業務を分担してそれぞれのパートに注力するから、一人ではできない大きな成果を生み出すことができる。もちろん、一人一人が優秀であればそれにこしたことはない。優秀な人材はより大きな成果を生み出す。しかし、それよりも大切なのは皆が力を合わせることだ。そこに組織のメリットがある。この時、重要なのは方向性だ。いくら優秀な人たちが集まっていても、皆がバラバラの方向を向いて勝手な仕事をしていたのでは成果につながらない。最悪の場合は、足の引っ張りあいになってしまう。

組織の方向性というのは、目標（目的）のことだけではない。目標は企業が目指す方向であり、あるべき姿であるから、確かに方向性と同義語といえないことはない。しかし、これを登山に例えるならば、登るべき山を決めただけのことなのだ。どのルートで登るかということが重要なのである。資金力はあるが登山者の体力に不安があれば、ヘリコプターやロープウェイを使うことになるだろう。逆に、資金力はないが登山者が若くて元気であれば徒歩で登ることができる。この時、ロッククライミング経験者がいれば断崖絶壁コースを選択できるが、そうでなければハイキングコースを選ぶことになるだろう。このように企業の現状を正

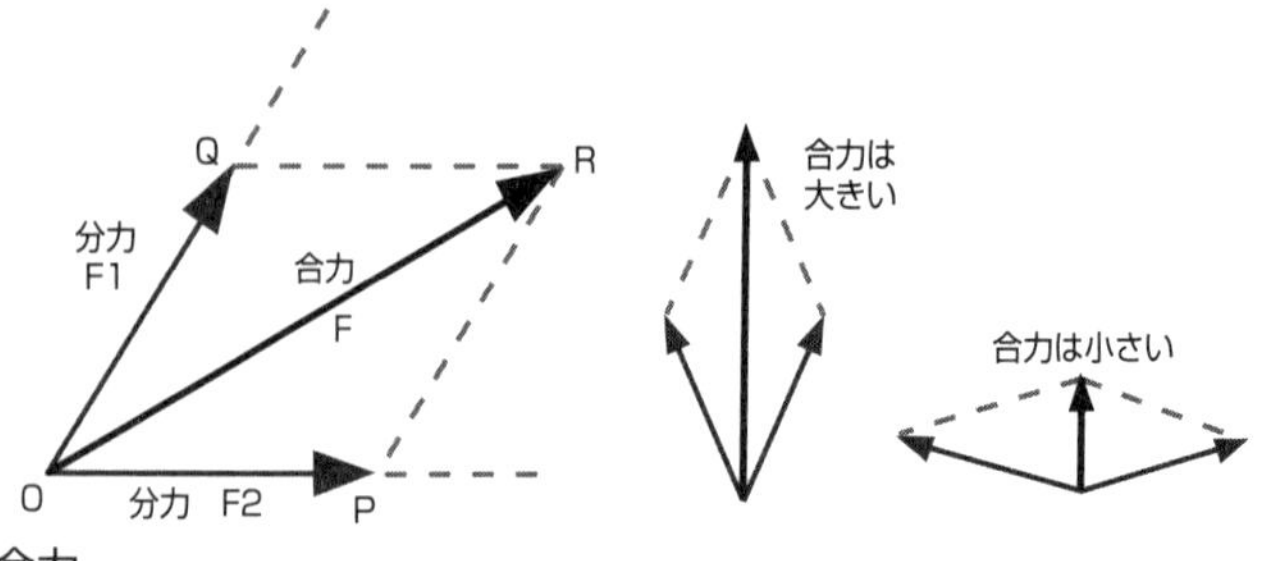

合力

しく把握し、目標やそれに達する手段を明確にして、全従業員に周知徹底を図れば、組織力は最大の力を発揮できるのである。要するに、経営理念とそれに基づく企業哲学を持ち、それを組織内に徹底することが、企業の総合力を向上させるのだといえよう。

このことからもわかるように、人事・評価制度において極端な成果主義を導入することは、組織力の低下を招くことになるので注意が必要だ。バブル経済が崩壊して不況期に突入した時、企業はこぞって成果主義に陥った。従業員の業績意識を刺激して、短絡的に実績を上げようとしたのである。皆が良心的にこの制度を利用すれば、業績の向上を望めないこともないが、多くは不必要な競争や安易な収益獲得に走ってしまう。一時的には効果がみられることもあるが、長期的には組織力の低下を招く場合がほとんどだ。これでは、本末転倒なのである。

●「成功」と「失敗」はどちらが参考になるのか

営利企業は利益の追求・事業の拡大・組織の永続が使命である。よく「企業寿命30年説」などといわれるが、これは必ずしも企業の寿命が30年で尽きることを意味しているのではない。常に改善や改革を行うなどの努力をしないと、30年を経ずして消滅する危険性があるという警告なのだ。バブル経済期以前であれば、一度成功した企業は失敗をしない限りある程度順調な業績を維持することができた。ところが近年は飛ぶ鳥を落とす勢いの企業でも、些細なきっかけで業績を悪化させる事例が増えている。それだけ、経営環境の変化が目まぐるしくなったということなのかもしれない。

このような背景から業績を少しでも良くするために、他社の成功事例を学ぼうとする動きが盛んだ。それだけ、好調な企業にあやかりたいという経営者が多いということだろう。しかし、業績の良い企業もこの先どのようになるかは不透明だ。成功企業として安定しているとされるトヨタ自動車やオリエンタルランドも、昨今はさまざまな問題を抱えているといわれている。イオン・セブン&アイホールディングス・日本電産などは、すでに問題が表面化してきており、手放しで業績が好調な企業だとはいえなくなってきた。

結論からいうと、成功企業の事例を参考にするのは難しい。これは、何も対象企業の業績が、恒常的に安定しない状況になってきたからだけではない。どんな企業でも良い時も悪い時もあり、長い目でみて成功しているか否かを判断する必要があるからだ。ただ、企業の好業績の分析は「運」である経営環境が大きく影響するため、それを踏まえて理解する必要がある。要するに、成功事例は当該企業が持つノウハウだけで判断するのではなく、時代背景や経営環境を知らなければ意味がないということだ。

このように考えていくと、成功事例は加工せずに利用することが難しいことがわかる。要するに、そのまま導入・利用をしても、ほとんど成功しないのだ。例えば、社内提案制度を導入して成功した事例があったとする。毎日朝礼後に、従業員全員が会社から与えられたテーマについて、１日１件提案するというシステムだ。これにより、業務改善に成功したのである。こういう事例は、システムのノウハウしか紹介されない。従業員が持つスキルや会社に対するロイヤリティ、経営者の考え方やシステムに対する評価制度など、成功した背景はみえない部分で無数に存在している。これがわからなければ、むやみに同じものを取り入れても成果は期待できないだろう。

しかも、こういったことを当該事業者がセミナーなどで紹介する時には、何らかのバイアスがかかってしまう。都合の悪い部分や肝心なノウハウを伝えなかったり、妙に謙遜《けんそん》したりすることが多いのだ。最悪の場合は、当事者自身がなぜ成功したのか理解をしておらず、まさに「運」の話に終始してしまうこともある。このように、成功事例は背景が分析されていなければ、ほとんど役に立たないのである。

これに対して、失敗事例はシンプルだ。事例どおりのプロセスを踏めば、確実に同様の損害を被る。１００％とまではいえないかもしれないが、失敗は時代・国・経営環境を超えて共通している部分が多い。もちろん複合要素はあるが、その中の一つを排除するだけでも改善効果が期待できる。

業績が順調なので安易に拡大戦略をとって失敗したなどという例は、枚挙にいとまがない。その原因は個別にいろいろ存在するが、共通しているのは、従業員の育成が十分ではなかったということだ。こういった事例から学べるのは、従業員教育を優先した戦略がとられていれば、拡大戦略が失敗する可能性を下げることができるといったことである。まさに、「失敗は成功の基」なのだといえよう。

●トヨタやディズニーランドは大きいから好調なのか

いろいろ紆余曲折はあるし、現段階において問題を抱えていないわけではないが、総じてトヨタ自動車とオリエンタルランドの業績は、順調といって間違いはない。彼らの成功の基となっている現在の戦略は、彼らがその業界でNo.1であるからこそ、取り得るものであるともいえる。そのため、彼らはNo.1であることが好業績の原因であるとされることが多い。しかし、彼らも創業当時からNo.1の地位を獲得していたわけではなく、そこに至るまでにさまざまな努力があったことは想像に難くない。ただ、そのプロセスは前述のとおり現在に通用するわけではなく、現状は他の追随を許さない地位にいるのだから、彼らからストレートに学べることが多いようには思えないだろう。

ランチェスター戦略でもいわれているとおり、強者の戦略と弱者の戦略には違いがある。1番手

（トップ企業・リーディングカンパニーのほか、業界によっては大きなシェアを持つ企業を含む）と2番手以下では、事業のやり方が異なるのが当たり前なのだ。1番手は人・モノ・金やノウハウなどについて、高い質のものを大量に蓄積している。いわゆる戦う前から「戦略的勝利」を収めている状態にあるのだ。これを定石に合わせて運用すれば、多くの場合、負けることがない。2番手以下は1番手とは違う土俵、すなわち1番手が対応していない分野に対して、そこにくさびを打つような戦略をとらなければならない。いわゆるニッチ戦略である。

ところが、バブル経済崩壊以降は1番手のとる定石が通用しないパターンが増えてきた。なぜなら、定石の前提となる環境が大きく、かつ目まぐるしく変化するようになったからだ。とはいうものの、1番手はそういった変化についても対応が巧みだ。また、マーケティングによって事前に変化を読みとる能力も持っている。ゆえに、消費者ニーズの多様化によってマーケットが複雑化しても、1番手はゆるぎのない地位を維持しているのである。

このように考えると、1番手は1番手であるがゆえに好調だと考えられなくもない。確かに、1番手の地位は戦略的にたいへん優位であるといえる。しかし、前述のとおり1番手を維持するためには不断の努力が必要だ。その手法には、注目するべき点が多いといえよう。それが、トヨタ方式の「カイゼン」であったり、オリエンタルランドの「ホスピタリティ」であったりするのである。

ただ、これはそれぞれの手法・手順を学ぶ以前に、企業文化のあり方を知っておく必要がある。これまでにも述べたように、企業の成果は総合力によって生みだされているのだから、いかにそれを発揮しやすい環境が整っているかということがたいへん重要だ。企業体質が旧態依然の状態の中で、1番手の成功ノウハウをまねても、それは絵に描いた餅である。とはいえ、「服に中身を合わせる」という考え方もあるので、まず1番手をまねたシステムをつくり、運用で問題の出たところを地道に修正していくというやり方でも、必ず成果を上げることができる。1番手の成功ノウハウをむやみにまねても意味はないが、自社の現状に適応させながら導入していけば、必ずそれが自社の企業風土として定着するのである。

●ターゲティングと営業展開のミスマッチング

消費者ニーズが多様化すれば、必ずターゲットを絞らなければならなくなる。なぜなら、ボリュームゾーンが消滅しているからだ。かつては、キャッチコピーなどで「すべての人に」などという文言が使われたが、広告・宣伝業界においてこの言葉は、すでに死語になったといってもよいだろう。

今は製品開発や商品・サービスの導入に、「誰が」「いつ」「どのように」利用するかということとともに、「それを利用することによってどうなるか」といったところまでストーリーの組み立てが不可欠なのである。

ゆえに、製品開発や商品・サービスの導入を考える時、先にターゲティングをしておく必要があるのだが、現実ではそうなっていない例が多い。特に、小売業・卸売業にこういったことがよくみられるのは、製造業・サービス業と違って、自ら商品の開発をしないことが原因だ。商品仕入れ担当者のことをバイヤーというが、彼らは製造業の開発担当者なみの知識・情報を持っていなければならない。なぜならば、メーカーが新しい製品を売り込んできた時、その提示価格の妥当性を判断できるか否かというところに、バイヤーの力の差が出るからだ。

例えば、メーカーがアルミ製のやかんを売り込んできた時、アルミ地金の入手ルートと相場・加工工程・加工費用などといったものを知り、そこから適正価格を割り出せるのがバイヤーの持つべきスキルなのである。しかし、多くの場合は類似品との比較によって価格相場を想定し、メーカーの提示価格からいかに安く買うかということにのみ目が向いている。これではメーカー側も疲弊するし、ユーザーが納得するような価格を算出することも不可能である。

ターゲットとなるユーザーがどのようなものを欲しており、それにどの程度の価値を見出しているかということを調べ、その結果からどのような製品・商品・サービスを市場に提案していくのかということが、バイヤーの真価である。すなわち、売りたいものを先行させるのではなく、ユーザーが何を欲しているかを先に考えなければならないということなのだ。ただ、現在ではユーザーのニーズが多様化されているので、必ずしも魅力ある大きなマーケットを得ることはできないかもしれない。しかし、小さなマーケットでも規模に応じたコストで展開できれば、わずかでも必ず利益は得られるのだ。

それだけに、ターゲティングのミスは致命的になってくる。マーケットに合わせてコストを抑え、絞り込んだターゲットに効率よくピンポイントでアプローチをするということは、思惑どおりにいかないと市場がほとんど反応しないということになる。このような事態を避けるためにも、まずマーケティングを行ってターゲットのニーズを探り、どのような製品・商品・サービスを提供するべきか、慎重に検討しなければならないのである。

●規模ではなくオンリーワン

ボリュームゾーンが存在した時代には、最大公約数的な商品の大量投入は有効な手法であった。ゆえに、同じような製品・商品・サービスであったとしても、まず大量に用意することが収益を上げるセオリーになっていたのである。

例えば小売業の場合、小さな商店よりも大きなスーパーのほうがより多く集客ができる。大型店が出店した場合、地元商店街は壊滅の危機に瀕すると考えるのは当然だ。商店街はスーパーに客を奪われ、スーパーはショッピングモールにシェアを奪われる。そして、インターネットの普及でＥＣショップが台頭し、リアル店舗が危機に瀕するという流れができた。

ところが、今では一部の商店街が息を吹き返してきている。一部のスーパーが元気を取り戻してきている。これは、ボリュームゾーンに対するアプローチが、有効ではなくなってきている証左といえよう。これまで何度も述べてきているように、消費者ニーズの多様化がボリュームゾーンを消滅させて、小さなマーケットがいくつも成立してきた。これにコストを考えて、細かく対応することがこれからのセオリーになってくる。成功をしている商店街やスーパーは、そこに気づいたということだ。

例えば八百屋・魚屋といった小規模小売店の場合、スーパーなどと価格や品揃えを勝負しても勝てるわけがない。そこで、彼らは手を出さないがマーケットの存在する隙間を探してみることになる。例えば、単身者向けの調理ずみ惣菜や健康志向の無農薬野菜などもそうだろう。もちろん、こういった商品を扱うスーパーなどもある。だとしたら、彼らとは違う味付けやメニューの開発をすることが求められる。あるいは、宅配・御用聞きなどといった付加サービスもよいかもしれない。規模や価格で大きな資本と勝負をしても、得るものが少なくて失うものが多い。それよりも、ターゲットに合わせた自社の特徴を明確に打ち出し、マーケットに見合ったコストで製品・商品・サービスを提供できるように工夫することが大切なのである。

第2章

業態からみた好調な企業

●「業態」とは

「業態」とは、「どのようにして売るか」「どのような売り方をするか」という観点による事業者の分類である。同じ製品・商品・サービスを扱っていても、事業のオペレーションによって提供方法は大きく異なるということだ。例えば個人商店・専業店（専門店）・百貨店・ホームセンター・コンビニエンスストア・通信販売では、それぞれ販売手法が異なってくる。専業店や百貨店では高価格帯（高級品・高付加価値品）のものを中心に、店員による説明サービスなどの付加価値をつけて提供しているところが多い。専業店の中でも大型店は、商品カテゴリー（業種、詳細は次章）は絞られていても、アイテムが多くなるので価格帯は広くなるのが一般的だ。また、価格訴求（安売り）に熱心な店舗も多くある。一方、個人商店などであれば日常使いを意識し、中価格帯から低価格帯（普及品）を中心に品揃えをしている。

これに対して、ホームセンターでは中価格帯から低価格帯のものを中心に、接客を必要最低限に抑えたセルフサービス方式で販売している。こちらも、価格訴求には力を入れているといえよう。通信販売は店舗施設や店員を用いず、ホームページ・電話・はがき・テレビ・雑誌・新聞・折り込みチラシなどといった媒体を通じ、強い価格訴求をして販売するといった特徴を持つ。

いうまでもないが、これは何が正しいということではない。あくまで、その事業者の目指すべき方向性である経営理念と、その実行指針となる経営哲学に基づいた、商売のやり方の違いである。それを、ユーザーが自分の好みに従って選択するのだ。これがユーザーニーズの一つであって、市場規模と密接な関係を持つことになる。当然のことながら、ユーザーニーズに合致しない業態は事業として成り立たない。本章における「業態からみた」というのは、そういった観点から事業者を分析しているということである。

●通販事業の Amazon

エンドユーザーが商品・サービスを入手する場合、販売している場所に行って購入するというのが一般的だ。すなわち、商品・サービスの提供者は、店舗を設けてエンドユーザーの来訪を待つということだ。これを店舗販売というが、対して店舗を持たない販売方法を無店舗販売と呼ぶ。これには移動販売・訪問販売・車内（機内）販売・自動販売機販売などがあるが、その一つに通信販売が含まれる。Amazon などの事業者は、これに分類されるのである。

現在では、インターネットが普及して通信販売が盛んだ。しかし、通信販売はインターネットを利用するものだけではなく、その歴史は意外と古い。海外ではカタログ販売が16世紀頃からあったとされ、日本でも明治時代の初頭（19世紀後半）には導入されていたという。これらはカタログなどの広告媒体でユーザーに商品を知らせ、そこから注文を受けて届けるというシステムをとっている。すなわち、商品を知らせる方法としての広告手段や、商品を届けるための配送手段といったインフラが、ある程度整備されていなければ成り立たないということだ。

こういった事情から考えると、日本において通信販売が本格的に注目されるようになったのは、雑誌・テレビ・宅配便（郵便や小包）の普及が進んだ高度成長期であろう。特に、広告のビジュアルクオリティの進化が与えた影響は大きかったといえる。実店舗では原則的に商品が在庫として存在するため、ユーザーは現物の確認が可能だ。陳列方法によって見栄えは変わるものの、商品に関する情報伝達は過不足なく行われる。しかし、通信販売はカタログやテレビといった媒体を通じた映像でしか、ユーザーは商品をみることができない。説明は文章や解説者で補えても、商品を手にとって見ることができないのである。ゆえに、ビジュアルのクオリティを重視せざるを得ないのだ。

通信販売の出発点は、事業者側のメリットに端を発したものと考えられる。すなわちその要因となるのは、①商圏範囲を広げること、②販売コストを下げること——といったことである。①は実際にユーザーが店舗に足を運べなくても、広告媒体となる雑誌・テレビ・郵便（ＤＭ）などにより、配送・放映される範囲をすべて商圏にできる。②は店舗運営コストをかけなくてすむことと、注文分だけ仕入れればよいので在庫金利・廃棄ロスなどが低く抑えられることだ。こういったメリットは、事業者の収益に直接貢献する。インフラが整うことで、参入が増加したのは当然のことであったのだ。

ユーザーにとっても、通信販売は大きなメリットがある。その最大のものは利便性だ。わざわざ店舗に出向かなくても、インターネット・電話・はがきなどの通信手段で、必要とする商品を入手できる。購入したものを持ち帰る必要はなく、直接自宅などの指定した場所に配送されてくる。時間と労力を大きく節約できる。さらに、近年では価格訴求をしている事業者も多い。以前は特殊性・オリジナル性の高いものが多かったため、比較的割高感があった。しかし、現在では実店舗で売られているものが多く取り扱われており、前述のようなコストの優位性もあって、割安感を持つ商品が多数を占めている。「安くて便利」というのが、通信販売のキーワードとなったわけだ。

もちろん、デメリットがないわけではない。事業者についてはそれほど深刻かつ大きなものはないが、ユーザーにはいくつかのリスクが存在する。何といっても、商品と販売事業者を直接確認ができないことは大きい。商品の大きさ・色・使い勝手など、実際に見たり触ったりしていないと、受けとった際に期待していたものと違うといったことが起こり得る。テレビの場合、テレビ局が事業者を広告主として審査・確認するため、トラブルがあった時でもある程度安心感がある。雑誌はテレビ局ほど信用度が高くない場合もあるが、同様におおよその信頼を担保できる。しかし、インターネットはまさに玉石混合であり、信用度の低い事業者から購入した場合は、ユーザーが不満を持っても泣き寝入りをしなければならなくなる場合が少なくない。

Amazonはこういった利用者の不安を極力取り除き、インターネット通信販売の利点を最大化した企業である。もちろん、Amazonもサービスを開始した1995年当初、あるいは日本語版サイトのサービスが始まった2000年の段階から、クオリティの高いECサイトを運営していたわけではない。今日に至るまでに、試行錯誤を繰り返してオペレーションを確立してきているのであり、それは今後も進化していくのだろう。

同社が多くの人に支持された大きなポイントは、サイトの信頼性と価格設定だといえる。通信販売の最も問題とされる点は、「いかがわしさ」とそれに伴うユーザーのリスクである。1970年代からバブル経済期頃のカタログや雑誌の通信販売の中には、いかにも怪しげな商品や明らかに実物の性能を上回る宣伝など、おおよそまともな商売とは言い難いものも散見された。そして、ユーザーが思惑とは違う商品を高額な料金で買わされたとしても、そういった問題を解決する手段がほとんどなかったのである。

Amazonのシステムで注目するべきところは、陳列する商品やそれを納入する取引先を吟味して、ユーザーが満足するレベルを保っていることだ。過剰な広告も行わない。さらに、不良品などはもちろんのこと、ユーザー側に責任のある返品・交換についても、一定の明確なルールを設けて対応していることも好感を得ている。これらのことに加え、事務所や物流センターなどを設けてその存在を公開し、多くの投資をして真剣に事業をしている姿勢を示すことで、短期間に事業者としての信頼を醸成することに成功した。

加えて、商品や納入事業者に対してユーザーがレビューを書き込むことができることも、信頼度が増した要素といえる。利用者の口コミは、ユーザーの購買決定の大きな動機となる。特に、中古品や小規模事業者に関してユーザーは慎重になりがちだ。Amazon が信用を担保してくれるとはいえ、少なくないリスクを抱えることになる。今では当たり前になった口コミ評価は、ECサイトでユーザーが購買決定をする時には、重要な判断基準として活用されている。こうして Amazon は、ユーザーが安心して使える通信販売のシステムを確立したのである。当初は書籍・雑誌の販売が中心であったが、このようにしてオペレーションシステムを確立させたことにより、今では多くの種類の商品を扱うECサイトに成長したのである。

かつての通信販売では実店舗で販売されていない商品も多く、類似品と比べてみると必ずしも価格が安いというわけではなかった。今でも、相当数のそういった商品がある。しかし、Amazon では実店舗で売られているものやほかのＥＣサイトが扱っている商品が多く、それらは価格的優位性を持っている。価格比較サイトをみても Amazon が必ず一番安いというわけではないが、相対的にみて「安い」と評価できるレベルにある商品がほとんどだ。ここで信頼性が有効に働き、ユーザーは総合的な判断として Amazon を評価する。実に、効果的な戦術をとっているといえよう。

成功の要因には、特有のレコメンデーション機能がよく取り上げられるが、これはパーソナルマーケティング・１to１マーケティングの一種である。ユーザー個人の趣味・嗜好《しこう》を把握し、それに対応したアプローチをすることで、次の購買につなげようというものだ。Amazon のそれは比較的精度が高く、ユーザーに有効に作用しているといわれている。しかし、この手法には大きな欠陥がある。それは、個人情報の保護もそうだが、情報バランスに問題があるということだ。事業者は会員制度や購入申し込みなどで、簡単に個人情報を入手できる。特にＥＣサイトは配送が必要であるために、ユーザーが細かな情報を公開せざるを得ない。これに対して、ユーザーはどれだけ事業者のことを知っているのであろうか。

ユーザーが事業者からものを買うということは、立派な商取引である。そして、事業者はユーザーにファンになってもらい、継続的に取引をしたいと考えている。だから、ユーザーの個人的な趣味・嗜好《しこう》に合わせたアプローチがしたいわけだ。商取引をしているということは、基本的にユーザーと事業者は対等の関係性、すなわちgive and takeを成り立たさなければならない。事業者側からすれば、商品を渡して（give）対価をもらう（take）。このバランスがとれた時に、ＷＩＮ／ＷＩＮの関係になると考えられる。

ただ、これは取引をした時（商品を買ってもらった時）に限定される。日頃、事業者のファンとして注目をしてもらう（人間同士でいえば「友達になる」）ためには、情報もバランスのとれた状態を保たなければならない。しかし、現在のやり方は事業者が一方的にユーザーの情報を得ている状態で、極めてバランスが悪い。これでは、ユーザーは安心して事業者のファンにはなれないだろう。自分の住所・氏名・職業・家族構成などは知られているのに、相手のことは何も知らないといった状態では、友達関係が結べないのと同じことだ。

企業情報のディスクローズがいわれるようになって久しいが、それを積極的に行っている事業者は多くない。特に、悪い情報は隠そうとする傾向がある。今後、ますますＩＴが進化して事業者はユーザー情報を多く手に入れ、それに基づいたアプローチをかけてくるようになるのだろう。しかし、事業者の情報があまりディスクローズされておらず、「よく知らない企業だ」とユーザーが判断すれば、どれだけ的を射たアプローチであっても購買決定には至らないと思われる。

●ユニクロ

製造小売業（ＳＰＡ）・製販一体の代名詞ともいえるファーストリテイリング。国内はもとより、世界各地でファストファッション店のユニクロを展開する。カリスマ性が高い現社長は創業者ではないが、ＳＰＡでオリジナル商品を多数生み出し、多店舗展開を強力に推進して同社を一流の大企業に育て上げた。業績は若干安定しない時もあるが、総じて好調といえよう。その理由はさまざまな事象の複合的な要素が組み合わさったものと考えられるが、製販一体の事業モデルを成功させたことの影響が大きいのは誰もが認めるところだ。

同社は最初から現在のような業種・業態であったわけではない。男性衣料品を中心に扱っていたものを、現社長がカジュアル衣料品店として再構築したところから成功の道を歩み始めたといえる。当初はライトオン・しまむらなどと同様に、ナショナルブランド（ＮＢ）を安く販売する店舗であった。また、ファミリー層を対象としたファミクロや、スポーツウェアに特化したスポクロといった店舗ブランドを実験するなど、試行錯誤も続けていた。

こういったカテゴリーの細分化は、必ずしも間違っているわけではない。ユーザーニーズが多様化している現在では、むしろそうあるべきだといえよう。ただ、マーケットの大きさとそれに応じたコストを考えることが重要だ。スポクロやファミクロを出店した当時は、業種の細分化に対応するのが時期尚早であったことや、ユニクロと同規模の店舗で展開したためにコストが合わなかったことなどが、成功しなかった原因であったといえよう。加えて、細分化したカテゴリーが販売サイドからみたものであったことが、一番大きな問題だったのではないだろうか。この手法のカギとなるのは、あくまでユーザー目線なのである。

こういった試行錯誤と努力の末に行きついたのがSPAだ。この時、ユニクロはナショナルブランドの取扱を停止し、すべての商品をSPAによるオリジナルブランドに絞り込んだ。これは、結果的に成功しているが社内で葛藤があったことは想像に難くない。なぜならば、カジュアルファッションとはいえオリジナルブランドだけで、

ユニクロの店舗

ユーザーを満足させるには高い商品開発力が必要だからだ。しかし、ユニクロはその問題をクリアしてSPAで成功を収めた。

SPAとアウトソーシングは似通っていると思われがちだが、実は根本的な違いがある。事業者がアウトソーシングを行う時、その理由は①コスト削減、②生産調整の簡便化、③初期投資の圧縮、④クオリティの確保――などがある。④は請け負い事業者のスキルの問題で、当該事業者は製造能力がない（あるいは製造能力を持つ意思がない）ということだ。①〜③は利益確保とリスク回避が主体なので、製品にそれほど高いクオリティを求めない。これに対して、SPAは①〜③に高度なクオリティを求めるのである。

バブル経済崩壊以降、低下した収益を補って利益を確保するために原価率を下げる必要性が発生し、多くの事業者がNIES（新興工業経済地域、主に東アジア・東南アジア）から製品を輸入した。やがて、国内ユーザーのニーズにより近づけるために、仕様書発注が行われるようになった。要するに、商品の企画・設計は国内事業者が行い、製造をNIESに委託してアウトソーシングを図るという方法である。しかし、多くが仕様書通りのクオリティが保てず、「安かろう悪かろう」といった製品が流通し、ユーザーの評価を落とす結果になっていったのである。

ユニクロはSPAを導入する際に、製造コストを考えて中国の工場を利用した。そして、そこで制作された製品のクオリティを保ち、あわせて低価格を実現したのだ。これは、現地工場に仕様書を送ってつくらせるといったやり方ではなく、国内から有能な人材を派遣して徹底した製造管理を行ったことによるものだ。「ＮＩＥＳ製品のクオリティは低い」「プライベートブランドはナショナルブランドより劣る」といったイメージを一新し、見事にユーザーの期待を超えたのである。もちろん、これはユニクロのカテゴリーが高級ブランドではなく、ファストファッションであったことも大きいといえよう。

そして、１９９８年から始まるフリースブームがユニクロを、一気に注目企業に押し上げた。ただ、これはおそらく同社の予測を超えたものであったと思われる。同年のフリース販売量は２００万枚であったが、翌年が８５０万枚で２０００年は２５００万枚であったことから考えると、本来は１９９８年にもっと売れていてもおかしくないはずだ。要するに、商品が用意されていなかった（生産計画が低すぎた）ということにほかならないからだ。

同社は、これに乗じて店舗の拡大路線に走った。収益を向上させるためには、基本的に大量に売る必要がある。そのためには、売り場面積を増やさなければならない。すなわち、店舗を増設するということだ。これはまさに正攻法なのだが、大きな問題が二つ発生した。一つは急激な店舗数の増加に、それを担う人材の育成がついていかないという状況だ。しかし、それよりも大きな問題は、フリースに代わるヒット商品がすぐには続かなかったことである。

よく、「小売りは人だ」などといわれるが、実はあまり正しい捉え方とはいえない。この場合の「人」は、店舗販売員を指している。確かに、接客業において接客要員のクオリティは重要だが、それは商品あってのことである。売るものがあるからユーザーに勧められるのであって、それがなければどうしようもない。ブランド品を欲するユーザーは、どんなに素晴らしい販売員がいてもその商品がない店舗には行かない。逆に、どんなに気に入らない販売員がいたとしても、欲しいものがある店舗には渋々でも訪れて商品を入手するものだ。すなわち、ユニクロが躓《つまず》いたのはマーケットが求める次の商品を、続けて開発できなかったことが一番大きいのである。店舗の拡大も大切だが、商品の企画・開発力はそれ以上に重要なのだ。結局、次にユニクロの業績が再浮上したのは、2003年に発売されたヒートテックがきっかけとなり、それが軌道に乗った2000年代中盤以降まで待たねばならなかった。

一方、アパレル販売事業者が販売商品をプライベートブランドだけに絞れば、バリエーションの幅に限界が出るというデメリットが発生する。特に、アウターのデザインは限られてしまい、それがヒット商品になるとユーザーが「同じものを着ている人と出会う」という、致命的な問題が発生する。フリースの時がまさにそれであった。買い得感があるから他人に懐具合を覗かれたような、不愉快な感覚に陥ってしまう人もいるのだ。

しかし、アンダーウェアにはそういった問題が起きにくい。ヒートテックが長くヒットしている理由の一つはそれだ。また、中国市場では品質の良さに対する評価が高い。彼の国ではユニクロより安いアパレル店舗が多数存在するために、相対的な割り安感を与えるのは難しい。ただ、欧米と同様にユーザーが品質を独自の評価で見極める傾向が強く、「価格は少し高いが品質は良い」という評価がされている。それが、口コミになって販売増につながっているのだ。デザインと品質のバランスは嗜好《しこう》的要素も強く、変化することも多いために正解がない。ユーザーのニーズやウォンツを敏感に捉えて、市場に合わせた展開をするしかないのであろう。

●オーケーストア

オーケーストアが他店との差別化として、打ち出している最大の特徴はＥＤＬＰ（Everyday Low Price、通年低価格販売）だ。この手法を徹底すると、あまり販促施策には頼らなくなる。しかし、従来のスーパーマーケットの販促手法は折り込みチラシが主体である。ＥＤＬＰを謳っているところでも、頻繁に折り込みチラシを入れる例が多い。これは、この業界がいまだにマスマーケティングである「チラシ信仰」から脱却していない証拠だといえよう。

小売店舗には大別して、日常向けのものと非日常向けのところがある。現在はボーダーラインがあいまいになっているために厳密に分けるのは難しいが、わかりやすくいえば日常生活に必要なものを売っているスーパーマーケットが前者で、贈答品・お使い物・改まった高級品などを扱うデパートなどが後者に当たる。

前者は取扱商品が日々の生活に必要なものなので、基本的にどこの店舗でも同様の品揃えをしているうえに、ユーザーの来店頻度が高い。さらに、この業態は人によるサービスで差別化を行うオペレーションにはなっておらず、そういった方向で店舗の特徴が出しにくい。結果的に、価格で競合と差別化するという安易な考え方が出てしまい、その訴求に血道あげるのである。それが、チラシによる特売訴求

オーケーストアはＥＤＬＰがモットー

が乱用される原因なのだ。

また、小売業が理想とするのは「良い品を適正な価格で提供する」ことだが、特に日本のユーザーは「良い品」の品定めが苦手だ。これでは適正価格が不明確になってしまうので、やはり価格競争に陥る土壌をつくってしまう。とはいえ、常に安く売っていたのでは儲からない。そこで、特売品・特売日を設けてメリハリをつける。それをユーザーに知らせなければならないので、チラシを多用せざるを得ないという構造的な問題も背景にあるのだ。

いずれにせよ、価格競争は不毛な戦いであり、大手資本が圧倒的に有利になる。しかし、前述のように、スーパーマーケットは価格競争をせざるを得ない環境にある。そこで、アメリカのウォルマートに倣《なら》ったＥＤＬＰの考え方が入ってきたのだが、これを実行するためには品揃え・販促手段・価格設定・バイイングを中心に、緻密で一貫したオペレーションを構築しなければならない。

オーケーストアはこれを忠実に行った。まず、一品種当たりの取扱品目数を絞り込んで仕入れボリュームを最大化する。これにより、仕入れ額を下げることができるのだ。さらに、プライベートブランドやノンブランド商品を開発・発掘し、ナショナルブランドよりも価格を低く設定する。また、チラシは完全に廃止するのではなく、店舗の存在と「どのような商品があるか」ということを知らせるといった、小規模で単純なデザインの低コストなものを配布する。こういった施策を徹底した結果、国内では珍しいEDLPの成功パターンが成立したのである。

大阪の地域密着型スーパーマーケットのスーパー玉出も、安売りで成功した店舗である。しかし、これはEDLPのシステムを意識したものではない。創業者がコストを極限まで抑えるという方針を示し、全社が一丸となって努力をして商品の廉価提供を実現したという、積極的な個人商店が行うような商法の延長なのである。ネオンや派手な色使いの内・外装は、「目立たせる」という販促手段の一つだ。目玉の「1円セール」も、話題性による集客と単価アップを目的としたものである。決して、「1円セール」そのものが儲かっているわけではない。

これらの施策は、個人商店の延長である創業期であるからこそ成功した手法であって、企業・組織として一定の規模に成長した成熟期には、必ずしも通用するものではない。そのように考えると、同社の場合、創業期から成長期に移行する時期に、事業売却を行ったのは良いタイミングだったといえるのかもしれない。今後は経営の近代化をどれだけ進められるかというところに、企業の発展・存続のカギがあるといえよう。

ドン・キホーテも「激安の殿堂」と謳っているとおり、「安売り」を前面に出している店舗である。業種はスーパーマーケットとは少し品揃えが違い、バラエティショップ的な要素を合わせ持った独特のものだ。スーパー玉出と同様に、同業態の中で異色な手法を用いたことが成功につながったといわれている。例えば、内・外装を派手に飾って目立つ仕様にしているとか、店内の乱雑にみえる独自の展示方法で、買い物の楽しさを演出する効果を出すなどといったことだ。また、同社の深夜営業は有名で、これらの特徴から客層が若者や深夜帯に活動する人も多くみられる。

ただ、同社もＥＤＬＰを意識しているとは言い難い。どちらかといえば、スーパー玉出と同じ経緯で成功したパターンであろう。ただ、マーケティング戦略が非常に巧みなのである。品揃えから判断すると単に日用品を扱う店舗だが、前述のとおり客層に偏りがみられる。これは店づくり・販促法・立地・営業時間帯などと一致しており、コンビニエンスストアでいわれるような、利便性が支持されているものと考えられる。客層がほかの店舗と違うのは、求められているものに違いがあるからである。

実際に、スーパー玉出やオーケーストアに比べると、ドン・キホーテの価格は必ずしも安いものばかりであるとはいえない。それでもユーザーの支持を得ているのは、安さ以外にも、深夜営業や幅広い品揃えなどといった、期待されている利便性があるからだ。また、同社はすでに経営の近代化も進めてきており、業績も安定している。このように、同じ「安売り」という切り口を持つ企業でも、まさに三者三様なのだ。決して、どれが正解というわけではない。経営理念に沿って自らの進むべき方向性を決め、マーケティングによって導き出された道を、経営哲学に従って誠実に一貫して進めば、ユーザーの支持を得られるという、最もわかりやすい事例なのである。

第3章

業種からみた好調な企業

●不動産鑑定会社・不動産管理会社

日本の国土面積が世界の全陸地に占める割合は0・25％程度で、その順位は61位とされている。これに対して人口は10位。昨今は少子高齢化・人口減少が叫ばれているものの、世界的にみると必ずしも総人口が少ないわけではないということだ。むしろ、主要都市部の人口は多いぐらいで、人口密度はたいへん高い。特に、東京を中心とした首都圏への集中度合いは、異常なくらいだ。こういった状況が、不動産価格に与えている影響は大きく、異常な高値になる原因をつくっているといっても過言ではない。

不動産は基本的に一物一価ではあるが、地域的な相場が存在する。その価格は高度成長期・バブル経済期あたりまで、総じて右肩上がりの状況が続いていた。これが土地神話といわれるもので、「土地＝安定した資産」として考えられていたわけだ。すなわち、土地があれば銀行が喜んで資金を融資するといった状況が、当たり前のように存在していたのである。

この頃の不動産経営は、比較的楽であったといえよう。土地オーナー（地主）は所有する土地の立地に合わせ、何らかの施設（賃貸住居・貸店舗・貸事務所など）を設ければほとんどの場合、相応の賃料収入が得られた。ゆえに、この事業にかかわることができるのは、土地を所有するオーナー・

施設を建てる建設業者・入居者やテナントの入居手続きを行う不動産販売会社が中心だったのだ。

その後、バブル経済が崩壊して土地神話が成り立たなくなった。すなわち、土地の需要が激減したということである。さらに追い打ちをかけたのが、外資系投資ファンドの参入だ。それまでも、土地に対する投資という考え方は存在していたが、それはローリスク・ローリターンであったために、短期投資を考える外資系ファンドがほとんど参入してこなかった。ところが、バブル経済の崩壊で不動産価格が下落したため、低価格で購入して高価格で売り抜けることを目論み、彼らが日本の不動産市場で活躍し始めたのである。

どのような商品でも、基本は需給関係で価値が決まる。ただ、不動産は同じものが二つないので、需給バランスが崩れやすいという側面を持っている。さらに、投資対象にされるようになったため、株と同様に投資家の思惑で価格が左右されるようになってきた。また、大規模な不動産に対する投資負担や、単独不動産に対する投資リスクを下げることに加えて、不動産所有者の資産を流動化するなどといったことがあり、不動産の証券化が進んできた。これらによって、少額かつミドルリスク・ミドルリターンの不動産投資ができるようになり、個人投資家などが多数参入してきたのである。こういったことが、不動産価格をより複雑にしてきたことは間違いない。

バブル経済が崩壊して「失われた10年」とか、「失われた20年」などといわれた後に不況が底を打ってくると、今度は地域的に土地価格の格差が広がり始めた。一極集中といわれる首都圏や、経済活動の拠点が多い関西圏・中京圏といった地域では、再び土地価格が上昇傾向に転じたのだ。ただ、それはバブル以前のように、その地域全体が対象になったのではない。オフィス街・商業地・利便性の高い一部住宅地などといったところに限定されている場合がほとんどだ。逆に、郊外や駅から距離のある地域などでは、空き家が増えるなど「負動産」化したところも出てきている。要するに、地域が同じでも不動産の価値を一律に評価することができなくなってしまったということだ。

そこに、不動産を正しく評価することと、不動産の価値を最大化することのスペシャリストの活躍する余地が生まれた。不動産鑑定会社と不動産管理会社だ。前者は一般に不動産の価値を正しく算出するための会社で、事業用不動産をどのように活用すればよいかを調査・分析する事業である。大手不動産会社の傘下や独立系などがあるが、それぞれある程度得意分野を持っていることが多い。

土地の所有者もそうだが、土地を所有して事業を行うことでその価値を向上させ、運用あるいは売却をして利益を目論むデベロッパー・投資ファンドなどが、対象となる土地の価値を正確に知ることなどをサポートする。前述のとおり、都心の一等地だからといって、どのような事業をしても成功する時代ではない。特に事業用地は、投資と回収を考えて運用しなければ大きな損失につながってしまう。

しかし、その土地でどのような事業をすればよいかということを決めるのは簡単ではない。不動産鑑定会社は、そういったことを判断するためのノウハウを、豊富に持っているのである。

後者は事業用不動産が、いよいよ建設・運用段階に入る時にサポートをする会社だ。不動産鑑定会社は事業決定までが主な仕事場であるが、不動産管理会社は実際にテナントを募集・管理し、不動産価値を高めた状態を継続することが仕事である。不動産鑑定会社と同様に、大手不動産会社の傘下であるところも多いが、独立系の会社も活躍している。一般に、プロパティマネジメント会社（PM）と呼ばれている。

前述のとおり、土地所有者・デベロッパー・投資ファンドはノウハウを持っていないため、不動産を直接運用することはほとんどない。そこで、アセットマネジメント（AM）を行う会社を代理人として契約する。効率を考えれば、AMが不動産事業の管理・運営をしても問題はないといえる。ただ、投資的な観点からすると、それでは投資家の利益が最大化しないのではないかという疑いが残る。なぜならば、土地所有者らとAMが結託して不動産運用益を浪費する可能性が否定できないからだ。そこで、さらに第三者的な事業者を介入させたいという意識が働く。それが、PMなのだ。実際に不動産の管理・運営実務については、さらに専門的な技術を持つビルマネジメント会社（BM）が担当する。この業務はビル清掃・警備など、多岐にわたることや専門性が高いことなどから、

ＢＭがさらに専門業者と契約することも多い。これらの関係性をプロ野球に例えると、不動産所有者らが球団オーナーでＡＭが球団社長となり、ここまでがフロントである。ＰＭは監督でＢＭは選手に当たるので、ここからが現場担当ということになるだろう。

こうした事業は、もとから日本に存在したものではない。不動産投資が社会的背景の中で盛んになったことに伴って発生してきたのだ。非常に専門性が高く、有力企業はデベロッパー・建設会社などとも、対等にわたりあえる知識を有している。特に、ＰＭの場合はＢＭが管轄する仕事内容も、詳しく知っていなければならない。

これらのシステムは、すべて投資が盛んな欧米から入ってきたものだ。しかし、それがそのまま我が国に定着したわけではない。相当の期間、試行錯誤を経て、日本独自のスタイルをつくり上げていったのである。携帯電話もそうだが、日本は独自の文化があるため、さまざまな分野でいわゆるガラパゴス化することが多い。ことの良し悪しは別にして、日本で蓄積したノウハウはすなわちそのまま輸出できないという問題を抱えることになるのである。

現在、不動産鑑定会社やＰＭは多くが国内で活躍しているが、今後グローバル化の波に乗る場合は、新たな工夫を必要とすることになるだろう。

●任天堂

1889年、京都市下京区の片隅に花札を製造・販売する小さなメーカーが誕生した。それが、後の任天堂である。その後、1902年に日本で初めてトランプを製造し、1953年には日本初のプラスチックトランプを世に送り出した。この地味ながらも堅実な事業展開の結果、1962年には大阪証券取引所第2部と京都証券取引所に上場を果たしている。花札やトランプといった、単価が低くて狭いカテゴリーの分野を中心とした事業であっても、競合他社に負けない商品開発力と技術があれば、業績を伸ばすことができたということであろう。

もちろん、戦争被害を受けなかったということや、戦後の復興期から高度成長期の波に乗ったということもあったかもしれない。ただ、この後同社がさらに飛躍したのは、家庭用ゲーム機の開発に成功したことが大きい。それ以前に、コピラス（青焼きコピー機）という事務機がヒットして、一時的に売上は伸ばしたものの、その事業を拡大するには至らなかった。クオリティの問題でユーザーの満足が得られなかったともいわれている。

しかし、根本的な問題として娯楽製品（嗜好品《しこう》）を中心に展開していた会社が、事務機という日用品（必需品）に手を出したことに問題があったと考えられる。機器の開発に関しては、所有する技術で対応可能であったのかもしれない。ただ、ユーザーニーズ・販売ルート・プレゼン方法などは、まったくそれまでのものとは方向性を異にする。小規模事業者であれば180度方向を転換するといったこともあるのだろうが、上場企業は性格付けが固まっているのだから、大きな転換はステークホルダーも受け入れがたい部分がある。

そこから、再び娯楽製品に焦点を当てて開発を行い、アーケードゲーム機・テレビゲーム機・業務用テレビゲーム機を経て1980年にはゲームウォッチが登場し、世間の耳目《じもく》を集めた。そして、1983年にはファミリーコンピューターが発売され、爆発的な売上につながっていったのである。その要因は複合的で一概にいえない。しかし、アーケードゲームが普及して、家庭用ゲーム機の発売が待望されていたという環境があったことは間違いない。また、製品の発想・仕様がユーザーの潜在ニーズを満たしていたこともあるだろう。ただ、この成功体験を現在においてそのまま踏襲したとしても、社会背景やユーザーニーズが違うので、再現することは不可能である。はっきりといえるのは、自社の方向性に従って市場環境に合致した製品を出すことが、成功の王道だということなのだ。

問題はこの先である。この後、強力なライバルとなるプレイステーション（PS）が、1994年にソニー（ソニー・コンピュータエンタテイメント、現：ソニー・インタラクティブエンタテインメント）から発売された。この時、任天堂はすでにスーパー・ファミコン（SF）を経て、NIN

ＴＥＮＤＯ64（64）に時代は移ろうとしていた。細かな違いはあるのだろうが、これらは基本的に「家庭のテレビでゲームをする玩具」である。ユーザーの購買決定は、「おもしろくゲームができるか」「お買い得か」の2点に絞られると考えられよう。

販売実勢価格は綿密なマーケティングの基に設定されているため、購買決定に大きく影響するような差はあらわれにくい。一方、「おもしろさ」は詰まるところソフトによる。両社とも、これについては苦労をしたようだ。ソフトはゲーム機メーカーが開発したり、コンテンツやキャラクターを生み出したりすることもあるが、多くは独立したソフトメーカーが製作している。任天堂は64までのゲーム機で使用するソフトを、自社でカセット化するシステムを採用していた。その理由は、1977年にアメリカで発生した粗悪ソフトによる家庭用ゲーム機市場縮小事件の影響によるもので、メーカーがソフトを管理すれば、クオリティの維持が可能だと考えたからだ。しかし、ソニーはこのシステムを採用しなかったため、多くの人気ソフトメーカーがそちらに流れた。

確かに、任天堂がとった施策にも一理はある。よく似た状況にあるのが、家庭用プリンター市場だ。詰め換え用インクは、プリンターメーカーは機械の保護や印刷のクオリティを大義名分として、互換インクの使用を絶対に推奨しない。しかし、メーカーの純正インクは高価である。さらに機械の仕様が純正インクに有利な設定になっている。ユーザーにしてみれば、「メーカーが儲けたいだけではないのか」と感じてしまうだろう。これは、決して的外れな想像ではない。家庭用プリンター市場は価格競争が厳しく、メーカーが利益を得にくい構造がある。そこで、業界全体が詰め替え用インクで利益確保を狙っているのだ。

これに対して、家庭用ゲーム機の場合、ライバルが任天堂の施策に同調していない。結果、任天堂は後にカセット方式を廃止している。おもしろいのが、ソニーも戦略ミスを犯したことだ。これは、技術の問題である。同社は「技術の」と冠していたこともあり、映像・音響機器メーカーとして高い技術力を持つ。任天堂は「娯楽」→「ゲーム機」の流れだから、第一に「おもしろさ」が優先される。ソニーも基本は同じなのだが、グラフィックにも強いこだわりをみせた。PSの後継機はそれが色濃く出て販売価格が高くなった。これが、売上不振につながったのだ。

このように、任天堂もソニーもそれぞれ販売不振の時期があったが、それを打破したのは常にソフトであった。人気ソフトが発売されると、必然的にハードの需要も高まるのだ。確かに、企業としての理念・哲学などは大切ではあるが、常に市場にあるユーザーニーズ・ウォンツとの中で、それらをどのように主張するかを考えなければならないのだ。同時に、ステークホルダーのすべてがＷＩＮ／ＷＩＮ／ＷＩＮになるような施策を心がけることが、事業の発展のために大切なのである。

●富士フイルム

いうまでもなく、同社は日本屈指の写真用フィルムのメーカーであった。一般写真用フィルムは2000年頃に出現したデジタルカメラに押され、現在では活躍の場がほとんどない。しかし、同社は今でも有数の精密化学メーカーとして確固たる地位を築いており、業績も安定しているのだ。かつてのライバルでグローバル企業であったコダックは2012年に倒産し、2013年に再上場を果たしたもののかつての勢いはない。国内フィルム業界の両雄といわれた小西六（コニカ）は2003年ミノルタ（写真機器メーカー）と合併後、2006年にはフィルム事業から撤退した。

富士フイルムが今日あるのは、同社の製品開発力によるところが大きい。もちろん、そこに至るマーケティング力・判断力も高いといえよう。この風潮は、フィルムメーカー時代から連綿と続いている。その代表的な製品が「シングル8」と「写ルンです」だ。もっとも、同社の製品は常にトップ評価を得ていたわけではない。フィルムではプロの間でコダックの評判が良く、カメラではニコンなどの光学機械系メーカーの方が有利であった。

「シングル8」はコダックの8ミリフィルム「スーパー8」に対抗した製品だ。1970年代にピークを迎えた家庭用ムービーは、8ミリフィルムが主流で両社はシェアを分けあっていた。前述のように、フィルムメーカーとして品質評価の高かったコダックに対し、同社は使いやすさを武器にした。コマーシャルで宝塚歌劇団娘役出身の女優・扇千景氏が、カセット式フィルムをカメラにワンタッチで装填して微笑み、「(カセットポン)私にも使えます」といったセリフは、製品の簡便さを如実にあらわしたものであったといえる。「シングル8」と「スーパー8」は、フィルムをカメラに装填する方法の規格が違う。すなわち、ハード(8ミリムービーカメラ)の売上にも大きくかかわってくる。「シングル8」の成功は、カメラが売れるということと同義だといってもよい。当時はまだ存在したボリューム層(普及価格帯層、製品を欲しいと思うが強いこだわりはない)にとって、コダックのフィルムに対するこだわりや光学会社のカメラに対するこだわりは、それほど重要なことではなかったのだ。今なら「女性蔑視」と叩かれるかもしれないが、いかにも機械系が苦手そうな扇千景氏が手軽に使用しているというイメージは、誠に巧妙な広告戦術であったといえよう。

同社が持つマーケティング戦術の巧みさは、同社の後塵を拝していたコニカにも容赦はなかった。コニカは「サクラカラー」というブランドで一定の人気はあったものの、製品評価がコダック・富士フイルムを上回っていたとは言い難い。ところが、両社を震撼とさせる戦術に打って出た。それは、「24枚撮りフィルム」の発売である。フィルムカメラが全盛の1970年代中盤、当時はカラーフィルム1本の撮影枚数が36枚・20枚・12枚であった。これに対してコニカは、最も普及していた

20枚撮りを、24枚撮りにして価格を据え置いたのである。この発表はコニカの重要機密とされたため、人気タレント・萩本欽一氏を起用したコマーシャルを海外で秘密裏に撮影したほどである。「4枚増えて値段は同じ。どっちが得かよ〜く考えてみよう。どっちかな〜？　こっちがポロッと落ちる」というキャッチはまたたく間に広がり、カラーフィルムは24枚撮りが当たり前になった。この製品のヒットは、発想の勝利だ。言い替えれば、技術によるものではない。すなわち、特許がとれるものではないのである。これを受けて富士フイルムは直ちに追随し、一時的にコニカに奪われそうになった自社のシェアを死守したのだ。コダックはグローバル展開があだとなって24枚撮りの発売が遅れたものの、最終的には24枚撮りに統一している。

同社の先を読む力と状況分析力の鋭さは、インスタントカメラの時もそうである。この少し特殊なカメラは、ポラロイドが開発して世に出たものだ。1976年にコダックが参入したが、特許侵害で係争となった。1985年に確定判決が出て、コダックは敗訴している。富士フイルムは1981年に参入し、一時期はポラロイドと係争関係にあったが1986年に和解した。コダックは敗訴後、インスタントカメラから撤退を余儀なくされたが、富士フイルムは再ブームとなった「チェキ」を現在も製造・販売している。両社の係争内容は同じではないが、ワールド1のプライドをかけたコダックに対して、富士フイルムは実をとったということであろう。

「チェキ」は一時期衰退した製品だ。なぜなら、デジタルカメラではないからだ。同社も廃番を検討していたというが、韓国ドラマの小道具として使用されたことにより、再びブームが起きたのだという。もちろん、復活のベースはあった。それは、プリクラである。デジタルの時代に、ペーパーで写真が出来上がるプリクラに一定のブームがあるということは、紙焼き写真が完全になくならないということを示している。

これまで、インスタントカメラの需要は「すぐに写真ができる」という点にあったため、デジタルカメラが普及しても、犯罪捜査やオーディションといった、特殊な用途としての需要が根強かった。これは、いわば必需品としての需要である。これに対して、プリクラは嗜好品《しこう》的な需要だ。ブームのきっかけとなったドラマでも、遊びのアイテムとして登場している。

富士フイルムではこういった状況を踏まえて綿密なマーケティングを行い、「『チェキ』がどうあるべきか」ということを検討し、必ずしも大きな市場ではないがヒット商品として成長させることに成功したのである。マーケットは小さくてもターゲットを明確にしてコストを考え、確実に利益を上げていくという現在のマーケティングの基本に、忠実にのっとったやり方だといえよう。

これは、もう一つのヒット商品「写ルンです」にもいえる。同社は「フジカ」ブランドで、カメラ製品も展開している。ただ、前述のようにトップを争うという状況ではなかった。逆にコニカは次々と新製品を投入し、「ピッカリコニカ」「ジャスピンコニカ」といった、暗い場所でもきれいに撮れる、ピントが簡単に合わせられるなどの、ボリューム層を対象とした製品を次々発表している。

そこで、富士フイルムは発想を転換し、「使い捨てカメラ」という新たな分野を切り開いたのだ。フィルムは基本的に、カメラに使用する消耗品の扱いである。ユーザーの最終目的である写真を生み出すのはフィルムなのだが、写真の仕上がりがカメラの性能に大きく左右されるからであろう。そうはいってても、ボリューム層は最終的な写真の仕上がりに問題なければ、カメラにもフィルムにも大きなこだわりがない。そこを狙って、フィルムにカメラを付けたのである。

初号機は１９８６年に発売された。通常の35ミリフィルムではなく、１１０サイズという特殊なミニフィルムだ。翌年には35ミリサイズでＩＳＯ感度４００の高感度タイプが登場した。続けて１～３メートル届くフラッシュを内蔵した「写ルンですフラッシュ」、さらに望遠タイプ・パノラマタイプ・水中撮影タイプが続いた。これらはすべて、ユーザーニーズに応えて短期間にバリエーションを広げたのである。こうして「写ルンです」は誰もが一度は使ったことのある、国民的なカメラとなった。

同社は、とにかくユーザーニーズに対するレスポンスが速い。「写ルンです」の使われ方を分析し、潜在的なニーズをうまくつかんで商品化している。ネーミングもそうだ。いくつか候補があった中で、一番誰もが受け入れやすいものを選んだといえよう。さらに、「使い捨て」に対する対応も早かった。

高度成長期は大量生産大量消費が美徳であったが、1970年代頃からエコロジーが世界的な潮流となり始めた。「写ルンです」を旅先で購入して、DPE店に渡して写真にするために、カメラ本体部分がユーザーに残らない。このことから「使い捨てカメラ」と呼ばれた。しかし、「使い捨て」はエコロジーの流れに反している。世間で非難が起きる前に、同社はこのカメラを「レンズ付きフィルム」と名付け、カメラ部品は再生など適正な処理を行うシステムを構築した。

こういったアンテナ感度の高さや柔軟性が、同社をフィルムメーカーから精密化学メーカーとして、タイミングよく脱皮させたのだろう。コダックやコニカは、フィルムやカメラという枠に縛られすぎて、新たな事業への転換がうまくいかなかったのだ。ここで重要なのは、もし富士フイルムが魅力的な市場の存在だけを求めて、それまでに何の経験も知識もない分野に進出していたら、現在のような成功はなかったと考えられる。マーケットを分析して自社の置かれている状況や実力を知り、ユーザーニーズを正しく理解したからこそ、進むべき道の選択を誤らなかったのであろう。

●ユニバーサル・スタジオ・ジャパン（USJ）

2001年、大阪港湾岸の工場エリアに、テーマパークがオープンした。ユニバーサル・スタジオ・ジャパン（ＵＳＪ）である。１９８３年に開園していたテーマパークの雄、東京ディズニーランドに遅れること約20年だ。オープン初年度は、入園者数が１１００万人を超えている。ところが翌年には７００万人台に減少し、その後２００６年頃まで低迷期が続いた。もっとも、７００万人という数字は決して低いものではない。都心の一等地にある東京ドームシティでも６００万人あまり、スカイツリーは４５０万人程度である（ともに２０１６年データ）。むしろ、東京ディズニーリゾート（ＴＤＲ、東京ディズニーランド：ＴＤＬ、東京ディズニーシー：ＴＤＳ）の３５００万人（２０１６年データ）が異常な数値なのである。

しかし、１７００億円をかけてオープンした施設であるだけに、ＴＤＬの背中がみえないなどという状況は許されないし、予算計画もオープン年並みに組まれていたことだろう。２００２年、ＴＤＲは前年にＴＤＳがオープンしたこともあって、約２５００万人の来場者を集めていた（ＴＤＬ単独では１２００万人あまり）。同様の規模にあるＵＳＪが７００万人あまりということでは、成功しているとは言い難かったということだ。

この落ち込みの原因はさまざまにいわれているが、根本的な問題として第三セクターの最も悪い一面が出たと考えられる。それを象徴する事件が、立て続けに3件発生しているのだ。一つ目は、アトラクションにおける防災問題だ。火を使うアトラクションで火薬量が規定より多かったという、消防法違反の事件である。このことで、特にけがをしたなどという被害者はいない。二つ目は、来園者が利用する飲料水の一部に、工業用水の配管がつながっていた問題である。このことでも、直接的な健康被害者はいない。三つ目は、販売している菓子の賞味期限切れ事件だ。これは今でも各所で散見される問題だが、賞味期限切れが直ちに健康被害に直結する問題とはいえない。

少し不謹慎かも知れないが、連続したとはいえ三つともそれほど大きなトラブルではない。謝ればすむ話だ。ところが、USJは対応を間違えた。謝罪会見を行わなかったのである。第三セクターとして、大株主である行政機関にお伺いを立てなければならないのは仕方がない。しかし、同時に来園者をはじめとする世間の不安も払拭《ふっしょく》する必要があったのだ。しかし、USJはそれを怠った。さらに不幸だったのは、同時期にTDRでも賞味期限切れの問題が発生したが、同社は直ちに謝罪会見を開いて、商品の回収を申し出たのである。この対応の差は、当時のUSJの運営姿勢が低いことを如実にあらわしたといっても過言ではない。この後、USJは低迷に終止符を打つべく、安直に値下げを行ってしまった。こうして、負のスパイラルが始まったのである。

その後、紆余曲折を経てUSJは第三セクターではなくなった。投資ファンドは絡んでいたが、純粋な営利企業になったのだ。さらに、有能な経営人材の確保にも成功した。その人物の強力なリーダーシップのもと、USJはユーザー目線でコンセプトの見直しを図った。それまで執着していた

「映画」というカテゴリーから脱却し、総合的なエンターテイメントを目指したのである。

もちろん、「映画」というカテゴリーが必ずしも魅力がないものではない。「映画」をさらに細分化した「時代劇」にこだわり、TDLよりも古い歴史を誇る東映太秦映画村の例もあるのだ。同様に、神奈川県鎌倉市に鎌倉シネマワールドもあったが、1995年に開園して1998年に閉園した。前者の存続と後者の短期間での閉園にはそれぞれさまざまな事情があるのだが、好調なTDRと不調な時期のUSJとの関係性によく似た部分がある。

東映太秦映画村は1975年4月のプレオープンを経て、同年11月にオープンした。ここで注目すべき特徴は駐車場である。映画の撮影所は広いが、駐車場はそれほど多くない。まして、観光バスなどを停めるスペースは皆無だ。しかし「どのようなユーザーが」「何を求めて」「どのような来訪手段を使うのか」ということを考えれば、必然的に「何を用意するべきか」がみえてくる。京都は、観光地が多いものの駐車場は少ない。道も狭いから、大型バスの路上駐車は迷惑だ。同施設はUSJのように、1日かけて遊べる広さも規模もない。つまり、近隣の寺社仏閣・観光地とセットで売り込む必要がある。結論として、大型バス駐車場を東映太秦映画村は、一番に整備したのだ。

事情は鎌倉シネマワールドもまったく同じであった。ところが、同施設はそれを十分整備しなかったのである。ユーザーは近隣のショッピング施設に無断駐車をするようになり、彼らがたまりかねて警告文を出すという事態に至った。もちろん、駐車場一つが浮沈を分けたわけではない。しかし、大切なのはユーザーへの思いである。言い替えれば、ユーザー目線のマーケティングを十分に行っているかということだ。第三セクター時代のＵＳＪも同じでトラブルが起きた時にユーザーをみていなかった。これが、業績低迷の大きな原因の一つとなったことは否定できない。

ところが、ＵＳＪは著しく業績を回復させた。ユーザー目線でエンターテイメント性を考え、「映画」に加えて「アニメ」「ゲーム」などといった要素を、ユーザーニーズに応えて取り入れたからだ。ハローキティ・ワンピース・ＡＫＢ48・妖怪ウォッチ・プリキュア・ルパン三世・名探偵コナンなど、人気コンテンツとのコラボレーションも積極的に行っている。また、それまではアトラクションごとに世界観が保たれていたが、現在はエリアごとに世界観が構築されている。ハリーポッターエリアがその代表だが、ジェラシックパークエリアのリアル感も、創業当初を知るユーザーがその変貌ぶりに驚くぐらいだ。

ＵＳＪのアトラクションは楽しい。設備投資も高額だ。しかし、必ずしもハードに頼っていない。極限のスリルを味わえるジェットコースターやフリーホール、世界有数の高さを持つ観覧車などが存在するわけではないのだ。極端な言い方をすれば、ＵＳＪのアトラクションから飾りや演出を外してしまえば、一般的な遊園地のアトラクションと大差はないということなのである。それでも支持されているのは、ユーザーが楽しめるようにパーク全体で、世界観を構築しているからだ。

それは、ストリートパフォーマンスやハロウィンイベントのゾンビなどでも同様だ。低迷期は、これらもそれぞれ独立して行われていた。しかし、改革がされてからはパークの一部として、大掛かりな演出がなされている。これらを演じるのはクルー（接客従業員）だが、彼らも楽しんでパフォーマンスを行い、ゾンビを演じるなどしているのだ。よく、接客業の従業員はユーザーの召使いというように捉えているところがあるが、それは大きな間違いである。従業員とユーザーは、対等の取引関係にある。お互いに、ＷＩＮ／ＷＩＮの関係でなければならない。すなわち、ユーザーに楽しんでもらうのであれば、クルーも楽しめなければならないということだ。その環境をつくるのはマネージメントの仕事であり、ＵＳＪはそれを実現できたからこそ業績が回復したのである。

●業種に存在する常識の殻を破った企業

①ケンタッキー・フライド・チキン（ＫＦＣ）

ケンタッキー・フライド・チキン（ＫＦＣ）は扱う商品に特徴がある会社だ。メインとなるフライドチキンは、ファストフード・コンビニエンスストア・スーパーマーケット・惣菜店・鶏肉専門店など、さまざまな店舗でさまざまなものが売られている。しかし、感じ方には個人差はあるものの、ＫＦＣの商品は味や食感が独特だといわれている。これは、同社の強みといっても差し支えはない。

逆に、弱みは価格帯である。ブラジルやベトナムなどから輸入された鶏であれば、価格はＫＦＣの半額以下だ。国産鶏で、しかもＫＦＣは特別に育てたものを使用しているために、どうしても設定価格が高くなる。これまで、強みを前面に出してクリスマスなど、ユーザーに特別な日をターゲットにしてきた。しかし、それだけでは売上は頭打ちだ。実際に２０１８年半ばまでは、低迷状態が続いていたのだ。

転機となったのは、弱みの克服にあった。通常なら、ここで安易に値引き戦術に出るところが多い。しかし、いったん下げた値段は戻すことができなくなり、長期的には企業の体力を奪いかねない。代表的な例は、ミスタードーナッツの１００円セールである。同社では、このセールを行うごとに店舗が売上を確保できるため、安直かつ高頻度にセールを

ＫＦＣの店舗

行うことが常となった。結果、ユーザーからドーナッツの価値は100円だと認識されてしまい、セールをやらなければ売れなくなってしまったのだ。現在では種類を絞って100円（税抜き価格、100円セールでは税込みの価格設定であった）商品を設定するなど安さの演出と商品価値の維持を図っている。

KFCはワンコインセットメニューを設定し、1食500円というリーズナブルな価格を打ち出した。ファストフード店は、粗利《あらり》率の高いドリンクメニューが存在するために、この価格設定でも利益の確保が可能である。マクドナルドなど、同様にドリンクメニューやサイドメニューが充実しているファストフード店でよく使われる手法ではあるが、有効なやり方であることには間違いない。このメニューがきっかけとなって、これまで低かったユーザーの来店頻度に改善がみられ、同社の業績が好転したのである。

②回転寿司

もともと、寿司は高級品である。なぜなら、経営が小規模であるうえに食材原価が高額だからだ。また、立地が良いと家賃も高い。店舗の造りにも凝るところが多く、その場合は出店費用も相当額が必要になる。さらに、決定的なのは食材の廃棄が多いということだ。要するに、高コスト経営なのである。それでも、そこにユーザーニーズがあるから、商売が成り立っていたのだ。

回転寿司の歴史は古く、１９５８年に大阪府布施市（現・東大阪市）に開業した元禄寿司が最初といわれている。当初はオペレーションの合理化や話題性が主であったが、１００円寿司が台頭するにあたって、廉価寿司としての性格が強くなった。回転寿司を運営する企業は店舗をチェーン展開するので、大量仕入れを行ったり仕入れルートを開拓したりして、コストを抑えられる。店舗は一等地ではなく、郊外の家賃の低い地域が主流だ。

さらにローコスト経営を実現したのは、寿司ロボットの登場と廃棄ロスを激減させたことだといわれている。寿司ロボットの登場は、寿司職人が不要となったということだが、もともと回転寿司に熟練の寿司職人は不要だ。しかし、ロボットがなければ従業員が寿司をつくらなければならない。その分、人数も相当のスキルも必要になってくるのだ。もちろん、ロボットのつくった寿司が高級店のベテラン職人と同じであるわけはない。しかし、ユーザーがその店舗に何を求めているのかということを考えれば、回転寿司の場合はロボットで問題がないという結論に達するのである。

廃棄ロスについても、ＩＴを駆使したシステムが導入されている。廃棄を少なくするためには、つくりすぎないことが重要だ。高級寿司店は注文を聞いてから握るから、提供されたものが廃棄される心配はない。しかし、注文されなかった食材は廃棄せざるを得ないのである。回転寿司は注文前につくらねばならず、それをユーザーが手にとらなければそこにも廃棄ロスが発生するのだ。

そこで、来店客数やレーン上の寿司の状態、ユーザーの注文状況などをモニターし、その結果からつくる寿司の種類と数量、加えて仕入れ量が決められるシステムを導入したのだ。これなら、常に適正量がレーン上にあるため、廃棄しなければならないものは少なくてすむ。仮にレーン上の寿司に不足が発生しても、注文システムが導入されているので、ユーザーに不満を持たれるリスクは低いのだ。一時期、「50円でも元がとれる」とされた理由は、こういった大企業ならではのシステムが導入されているからなのである。

一時期、勢いのあったカッパずしチェーンが低迷したのは、飲食業の根本となる味の問題であった。高級寿司店と違って、回転寿司はまずくなければ基本的に問題がない。しかし、かっぱ寿司はコストを追求しすぎて、セントラルキッチン方式で、寿司ネタを1食分ずつに切り分けて店舗に送るシステムを採用した。しかし、この方法ではネタの旨味が流出してしまう。コストダウンは大切だが、ユーザーを満足させることは大前提なのである。

飛ぶ鳥を落とす勢いといわれたくら寿司が躓《つまず》いたのは、いわゆるバイトテロである。パート・アルバイトを含めた従業員のすべてを、徹底的に教育するのは簡単ではない。特に、外食産業は人手不足の状態が慢性的に続いており、人件費抑制とのジレンマの中で人材確保が難しい状態にある。

バイトテロを起こさないようにすることも大切だが、発生した時の対処についても学んでおく必要があるだろう。いわゆる、リスクマネジメントである。パート・アルバイトの教育はもちろんのこと、マネージャークラスの従業員のスキルアップにも、力を入れる必要があるということだ。

現在、100円均一回転寿司チェーンの浮沈を握っているのは、サイドメニューである。各社がこぞって注力している最中だ。これは、回転ずしの欠点であるメニューの偏りを解消するための試みだ。高級寿司店は専門店であるから、寿司の需要に応えることが第一である。しかし、回転寿司は「ファミリーで食事にくる」という需要である。寿司だけでは飽きられるし、単価や利益のアップも難しい。近年、魚介類の相場が上昇傾向にあるため、「100円」というコンセプトの維持が難しくなってきている。その対策として、サイドメニューは重要なポジションにあるといえる。

このように、回転寿司は今後も当面は国内市場を中心にして拡大を続けると考えられる。しかし、いずれは飽和状態になるだろう。そうなった場合、各社とも海外における事業の拡大を、図っていかなければならなくなるわけだ。すでに、海外でも多くの国で寿司が親しまれているが、カルフォルニアロールに代表されるように、それぞれの国の文化と融合して独自のものが形成されている例もある。それに対応するためにも、さらに業種の殻を破っていく必要があるのだろう。

第4章

不調な企業は何が問題なのか？

●マクドナルドと幸楽苑の違い

日本マクドナルド（以下マクドナルド）は、二度の大きな不振を経験している。一回目は2002年で、創業以来初の赤字になった。それまで、カリスマ社長の藤田田氏に牽引され、まさに飛ぶ鳥を落とす勢いで成長を続けていた。初期の成功は同氏によるところが大きく、その要因もさまざまな分析がされている。中でも、注目するべきはブランディング戦略である。

マクドナルドの1号店は、1971年に東京・銀座にある三越店頭の出店だ。これは、大阪万国博覧会（EXPO70）の開催や、ケンタッキー・フライド・チキン（KFC）などといったファストフードが出店を開始した翌年に当たる。大阪万博は日本の高度成長期の集大成であり、現在では日常的となったさまざまな技術が、試作段階で出展されていた。会期は6か月で総入場者数は約6500万人。日本最大

業績回復に成功したマクドナル

の集客コンテンツといわれるディズニーリゾートが、１年間で３２００万人あまり（２０１８年）であることを考えると、いかにすごいイベントであったかが窺われよう。

こういった背景から、マクドナルドの進出にはうってつけの環境が整ったといえた。しかし、ＫＦＣがそうであるように前後して進出したファストフード店が、すべてマクドナルドのように好調の波に乗ったわけではない。その最大の要因は、「信用のための知名度」を獲得できたか否かである。マクドナルドはそれを一挙に解決するために、「銀座・三越」というブランドを利用したのだ。単に知名度を上げるだけであれば、当時ならマスマーケティングの代表的手法であるテレビコマーシャルを使えばよい。個別の店舗レベルで考えれば、商圏範囲が決まっているので折り込みチラシも有効であっただろう。しかし、それらでは短期間に「信用」までは勝ちとれないのだ。

そういった意味で「銀座・三越」は有効であった。コストの面から考えれば、地代・家賃が重くのしかかって同店が黒字化するのは難しい。それでも、「銀座・三越」に出店したというインパクトは絶大で、日本国民にハンバーガーは得体のしれないものではなく、信用のあるおしゃれな食べ物だと認識させることに成功した。同社は当初から全国展開を視野に入れており、この出店が戦略的なものであることに疑う余地はない。２号店は直後に東京・渋谷に出店。相乗効果を上げたことはいうまでもないだろう。

こうして、マクドナルドは順調なスタートを切った。ハンバーガーは得体のしれない食べ物ではなく、新しいスタイルのおしゃれな昼食といった位置付けになった。当時は、ファストフードとかジャンクフードなどといった言葉は使われていなかったが、ハンバーガーは「ごちそう」といった印象を持たれるものではない。どちらかというと、手軽さがウリである。この場合、独立店舗であればトレンドに敏感なユーザーが中心になり、当時存在したボリューム層に浸透するのは難しかっただろう。マクドナルドはチェーン店であったことが幸いであった。

実は、ここには大きな矛盾がある。ハンバーガーは「ケ（日常）」の食べ物だが、三越（デパート）は「ハレ（非日常）」の場所であったということだ。この違いはさまざまな分野で現在も存在するが、本来は対極にあるものだから相乗効果を期待できるものではない。ところが、この場合はマクドナルドにとって三越の「信用」が必要であり、三越はマクドナルドの「話題性」を利用したということだ。マクドナルドがメジャーになれば、この関係は成り立たない。後に退店したのはそういうことだと考えられる。

いずれにせよ、マクドナルドはブランディングに成功し、日本市場に定着した。その後、全国展開を推進し、一大市場を形成できたのは時代的背景もあるが、価格戦略が絶妙であったからだといえるのではないだろうか。１９７１年の出店当初は、ハンバーガー１個が80円であった。これを現在の価値に換算すると、３００円を切る程度であろうか。そう聞けば、おそらく高いと感じる人が多いかもしれない。しかし、昼食を想定した場合の要件は基本的に満たしている。すなわち、「まずくはない」「おなかが膨れる」「早く食べられる」ということだ。そのうえで、飲み物とサイドメニューを考えれば、現代感覚では７００円に届かない。毎日食べるのには抵抗のある価格かもしれないが、１週間に１～２回程度の１食の料金としては必ずしも不当とはいえない。ただ、それでも高く感じるのはハンバーガーに対する価値観の問題であって、それは後述する。

その後、バブル経済期に向けて徐々に値上げをし、１９８９年には１個が２１０円に達した。そしてバブル経済崩壊以降は、ライバルといわれたモスバーガーの好調に比してマクドナルドの売上が低迷し、価格を一挙に１３０円に引き下げるという戦術に打って出た。これまで絶妙といえた価格戦略を、誤ったといわれる所以はここにある。

この頃、モスバーガーが好調だった理由には諸説あるが、よく取り上げられるのはＢ級立地戦略と、それに伴うこだわりの商品の提供だ。もともと、モスバーガーは注文後の調理とこだわりの食材などで、単価は少し高いがＢ級グルメ的な位置付けにいた。これが、彼らのブランディングであろう。すなわち、厳密にはマクドナルドと客層が違うのである。ただ、客層が違うといっても買いにくる人がまったく異なるというほどではない。高級品の場合は、それを購入する環境になければ客層となり得ないが、マクドナルドとモスバーガーではそれほど大きな単価差ではない。同じユーザーが、その日の気分や懐具合で食べるものを選択するといった範疇のことである。

B級立地戦略はバブル経済により高騰した家賃対策として、コストの高いA級立地を避けるという考え方から出発した。A級立地戦略とは、マスマーケティング時代の小売店舗に多くあった出店の考え方で、たくさん人が集まる場所に出店すれば、より多くのユーザーを取り込めるとするものだ。つまり、店前通行客が多いところで商売をし、入店率をアップすれば、売上・利益が必然的に向上するという考え方である。言い替えれば、よい漁場で釣りをすれば多く釣れるということと同じだ。

これに対してB級立地はそれほど人の集まらない場所で商売をするのだが、商品・サービスの魅力や誘導看板などで、ユーザーを人の少ない場所にある店舗に呼び込もうというやり方である。すなわち、そこに魚はいなくても狙う魚が好む餌を用意し、撒き餌をすることで集めようということだ。マスマーケティング時代には手間のかかる手法と考えられていたが、現在のようなパーソナルマーケティングの時代では主流の考え方といえる。

要するに、モスバーガーが好調であることと、マクドナルドが不調であることは直接的な因果関係を持たない。しかし、高級品と違って心理的客層は違っても物理的客層が同じであるために、ハンバーガーのマーケットにおける総量が変わらなければ、どちらかが好調であるとどちらかの業績が低迷するといったことが起き得る。ここに、マクドナルドの焦りがあったのではないだろうか。

結果的に、この値下げ戦術は一時的な成功をみた。同時に、それが同社の不幸であったともいえよう。値下げ戦術は、こと「売上」に関して確実に効果を生む。なぜなら、基本的にユーザーは安い方がよいに決まっているからだ。しかし、この戦術は簡単に実施できるがコストもかかる。マクドナルドの場合、円高による輸入原材料価格の低下が追い風となったため、当初はコスト面で問題はなかった。それが、不況期に入って売上にブレーキがかかり、さらに円安が進んでコストが上昇した。これに耐えきれなくなって、価格を元に戻したのである。

ところが、ユーザーはそういった都合を容認してくれるほど甘くはない。ミスタードーナッツの100円セールと同様に、一度価格を下げてしまうと商品価値は下がっている時の価格として認識される。当然、価格が上がれば値上げと解釈されるため、「お値打ち感」「値ごろ感」を失うことになる。そういった意味では、マクドナルドが「バリューセット」を展開していたことも、タイミングが悪かったとしかいいようがないだろう。

その後、さまざまなメニューの開発や、試行錯誤をしながら適正価格を模索した。結果、経済環境の変化などもあってマクドナルドは業績を持ち直した。この間、高級路線などを展開して新たなユーザーの取り込みや、ブランディングの再構築を図る動きもあったが、これについては成功したとはいえない。ユーザーがマクドナルドに何を求めているのかを、正しく捉えきれていなかったと考えてよいだろう。結局、「100円マック」が登場して再びユーザーに値ごろ感を持たせ、2006年頃にはそれらのラインナップが充実することで、「まずくはない」「おなかが膨れる」「早く食べられる」といった、ファストフードの王道に回帰した。また、不採算店の閉鎖など、オフェンスの部分でも大きな改革があった。これらが原動力となって、マクドナルドは業績を回復することに成功したのである。

しかし、2012年頃から再び業績に陰りがみえ始めた。これもさまざまな要因・背景はあるが、特筆するべきはフランチャイズへの転換に代表される組織形態の変革である。マクドナルドはファストフードであり、商品にグルメ的な位置付けはない。ゆえに前述のとおり、ユーザー層が違うといってもそれは心理的なものであって、物理的ユーザーはファストフードという括りにおいて、競合他社と共通する部分が多いのである。すなわち、「おなかが減った。何か食べたい」と出先で考えた時に、牛丼・立ち食いそば・カレー・スパゲティなどと同列で、ハンバーガーは選択されているのである。

この時、重要なのは、

①食べたいと思った時に食べられる
↓目に付くところに店舗がある
↓たくさん店舗がある

②食べて満足感がある
↓適度なボリューム
↓「まずい」とは感じない

③支払いに抵抗感がない
↓適正価格かやや安く感じる価格

④気分良く購入できる
↓スムーズな販売オペレーション
↓接客従業員が一定のレベルにある

――などといったことであろう。このうち、②、③、④はこれまでに構築・整備されて一定の支持を受けるに至っている。①も同様だが、さらに拡大・強化する必要があった。しかし、これには多大なコストを伴う。そこで、フランチャイズ化に踏み切ったわけだ。もちろん、フランチャイズシステムには多くのメリットがある。しかし、近年はそのデメリットが企業の足かせになっている例が少なくない。コンビニエンスストアなどは、まさにその顕著な例といえるだろう。

マクドナルドの場合、フランチャイズ制度をとったことによって、人材育成とオペレーション管理に支障があらわれた。端的にいえば、接客従業員の質的低下の発生や、レベルに差異が生じたということである。ファストフード店の商品はそれぞれ特徴があるものの、プレミアム感を持つほどの魅力はない。ゆえに店舗の造りや機能に加えて、オペレーションと接客従業員の質は比較的重要視される項目なのだ。

ただ、チェーン店の場合はその質を均一化しようという考えが強い。これは何が正解ということではなく、その会社の考え方に基づくものだ。例えば従業員の接客レベルを１００点が満点としてあらわした時、ユーザーの満足を得られるのが70点であれば、75点前後に統一されるように教育するということである。70点以下は論外であるものの、80点以上の従業員がいると、ユーザーは75点前後の従業員に不満を感じてしまう。そのリスクを避けるという考え方だ。

マクドナルドのような全国展開をしているチェーン店は、一応1店舗の商圏範囲が定まっているものの、ユーザーによっては大きく商圏を越えて利用することも少なくない。この時、接客従業員やオペレーションに差異があれば、違和感を覚えるのでクレームに発展しかねないのである。ゆえに、80点以上の優秀な従業員をあえてつくらず、全員を75点前後に均一化しようとするのである。

ところが、フランチャイズシステムを導入すると、この教育システムがうまく機能しないことがある。フランチャイズシステムでは通常、本部であるフランチャイザーが加盟店であるフランチャイジーに教育システムを提供する。ただ、これは無料とは限らない。フランチャイザーとフランチャイジーは取引関係にある会社で、お互いに独立をしている。フランチャイジーは自身の財務状況をチェックしながら、事業運営コストを考えている。ゆえに、場合によってはフランチャイザーの思惑どおりに教育やオペレーションを完璧に行えない場合があるのだ。さらに、従業員の採用もフランチャイジーの裁量になる。フランチャイザーの支援があるとしても、採用者の質と人件費などといったもののバランスをとるのは簡単ではない。結果的に店舗間格差が生じて、ユーザーの不信感につながってしまうのだ。

この不信感に、拍車をかける事件が起きる。２０１４年発生した期限切れ鶏肉使用事件である。さらに、異物混入事件などが続いて、マクドナルドの信頼は地に落ちた。しかし、問題の本質はそこではない。決して容認されることではないのであろうが、飲食業を長く営んでいれば、異物混入や問題のある原材料が使用されるなどということは、100%防げる問題ではない。肝心なのは、そういったリスクが発生した時にどのような対処をするかということである。

この時、マクドナルドはそれを見誤った。飲食業における最大級の問題が発生していたにもかかわらず、死者・傷病者が出ていないために、代表者による十分な謝罪会見を行わなかったのだ。その背景には同社のさまざまな理由があったのかもしれないが、結果的にユーザーの信頼を失って業績が低迷したのは事実である。もともと、ファストフードの原材料には、ユーザーからの不信感が少なからず存在する。そういったことを、普段から払拭《ふっしょく》しておかなければならないのだが、それも十分ではなかったのであろう。

その後、しばらくは業績回復のための試行錯誤が続いた。以前もそうであったが、ドライブスルー・高級路線・24時間営業・全席禁煙・コンセントの設置など、さまざまな施策は店舗によって功を奏する場合とそうでない場合がある。チェーン店は人材育成と同様に、とかく設備やシステムを均一化したがるが、その店舗のユーザーが何を求めているかということをよく検討しないと、せっかく実行した施策がうまくいかないことも多いのだ。店舗ごとに地域特性やユーザーニーズを汲み取り、それに対応できる設備・システムを均一化されたレベルで導入することが重要なのだ。2016年頃からマクドナルドが好調に転じたのは、こういったことを理解したからではないだろうか。

◇　◆　◇

これに対して幸楽苑はどうか。現段階では、完全に価格戦略が迷走しているといってもよいだろう。同社は目玉商品としてユーザーの支持が厚かった３９０円のラーメンを、２００６年に２９０円に値下げした。このインパクトはたいへん大きく、最安値クラスのラーメンとして広く定着をした。いうまでもなく、この値下げは話題性による集客を狙ったもので、ラーメンだけでは物足りないユーザーに、サイドメニューを注文させるための呼び水的な意味合いがあったと考えられる。

この価格戦略は、集客に貢献して単価アップにも貢献したのであろうが、結果的に利益を悪化させることになってしまった。原因は、２９０円ラーメンの原価率が高かったからだ。これに対してとられた施策が、セットメニューの価格見直しや２９０円ラーメンがメニューの中で目立たないようにするというものであった。この戦術は功を奏し、利益率が改善したとされている。しかし、この施策はユーザーのために行われたものではない。あくまで店舗側の都合である。こういった対応は、往々にして後に悪い結果をもたらすことが多い。

２０１５年に同社は２９０円ラーメンを廃し、５２０円のラーメンを主力に据えた。この頃、すでに290円ラーメンは注文率が低迷していたことや、一部で実験を行った520円ラーメンが好評であったことが決断の理由とされる。もちろん、290円ラーメンが520円ラーメンに代わったわけではない。520円ラーメンは価格に相当する品質のもので、いわば低価格路線から中堅価格帯路線に変更したということだ。

しかし、ユーザーはそのように解釈をしない。確かに、520円ラーメンは290円ラーメンより高品質であることは理解しているのだろうが、価格に納得しているかというと疑問が残る。両方のラーメンを並立させればわかりやすいが、290円ラーメンを廃して520円ラーメンが登場すれば、単純に「値を上げた」と受け止めることになるだろう。その後の同社の業績低迷が、それを如実に物語っている。

これは、後述する大塚家具とよく似た構造だ。「幸楽苑＝290円ラーメン」というイメージが、

試行錯誤する幸楽苑

定着していることは間違いない。ここで注意が必要なのは、イメージが売れ筋商品とは限らないことだ。前に述べたように、２９０円ラーメンは注文率が低迷していたという。しかし、それは必ずしも２９０円ラーメンをユーザーが否定しているからではなく、ほかのメニューに魅力があることが原因なのである。

そうであるにもかかわらず、２９０円ラーメンを廃せばイメージの転換になる。すでに定着したイメージを、自ら破壊するのは自殺行為に等しい。原価や経費の高騰が原因であれば、２９０円ラーメンを値上げするほうがユーザーの理解は得られやすかったのではないだろうか。基本的に企業側の都合を優先した施策は、ユーザーに受け入れてもらいにくいということなのであろう。

現在、同社の業績は安定していない状況にある。ライバルである日高屋は駅前立地にこだわり、ちょい飲み需要を獲得することに成功した。しかし同社は郊外店も多く、クルマで来店するユーザーにちょい飲みは提案できない。５２０円のラーメンはほかのラーメン店に比べると低価格設定ではあるが、イメージ的に「高くなった」と感じられてしまっては、元も子もない。

同社では不振店を業種変換するために、ペッパーランチとフランチャイズ契約をして「いきなり！ステーキ」を展開し始めた。後述するが、同チェーンも一時期に比べて勢いに陰りがみえてきている。せっかく業種転換を図っても、再び不振店になる懸念が浮上しているのだ。もう一度じっくりとユーザーと向き合い、同社がどうあるべきかということを検討したうえで、中・長期的視野で店舗づくりをしていくべきなのではないだろうか。

●大塚家具

大塚家具の社長交代に端を発した業績の低迷は、必ずしも現社長の手腕にだけ問題点があるわけではない。よく、同社の現状が良くないことを表現するために、「社長交代以前は現預金が豊富であった」とか、「高級家具を買う優良顧客がいた」などといわれるが、それが、すなわち社長交代以前の同社の経営状況が優良であったことを示しているわけではないのだ。実は、同社の業績はそれ以前より悪化しており、現社長はそれを好転させるために登板したのである。その手法が、先代社長と合わなかったということだ。

このことを踏まえて考えると、大塚家具は創業オーナーがカリスマ的リーダーシップを発揮して発展した企業の、典型的な問題を抱えた会社だといえよう。大塚家具を創業したのは先代社長で、高級家具の販売事業で企業を拡大することに成功している。この成功にはさまざまなノウハウがあると考えられるが、高度成長期やバブル経済期を経験した企業の場合、創業・成長のタイミングがこの時期に当てはまっていれば、どこの企業でもほぼ同様の手法で事業拡大を図っているのだ。

カリスマ創業者に牽引された企業が大きな転機を迎えるのは、社長交代（世代交代）の時か経営環境（経済環境）に変化が訪れた時がほとんどだ。大塚家具は、後者であるといえよう。バブル経済期以降、世の中がグローバル化・IT化することによって、ユーザーニーズの多様化が急激に進行した。家具も同様で、さまざまなカテゴリーが生まれている。そのような中で、大塚家具は「高級家具」という、比較的安定をしたカテゴリーに位置していた。ただ、この分野は確実に縮小傾向にあったのである。

とはいえ、消滅するということはない。どの分野でも一定数の「マニア層」は必ず存在しており、相当の消費能力を有している。大塚家具はこの取り込みに成功していたのだから、緩やかに縮小しているこの分野に合わせて、事業を縮小すれば着実に利益を上げることが可能であった。ただ、事業縮小は一度拡大を経験したカリスマ創業者の場合、簡単に受け入れられるものではない。まして、株式を上場した公開企業で

お家騒動が尾を引く大塚家具

あれば、株主が黙っていない。そういった観点から考えれば、二代目社長の中間層ユーザーへの販路拡大施策は、決して間違ったものとはいえないのだ。

もし、カリスマ創業社長が過去の成功体験に固執し、すでに変化した市場に対応する能力を有していないのだとすれば、社長交代は必然的なものとなる。大塚家具の場合、前に述べた「経営環境の変化」とはこのことであり、間違いなく大きな転換点に差しかかっていたのである。ここで現社長が登場し、新たな施策を講じ始めた。それが、大衆層・中間層といわれる、マニア層ではない新たなユーザーの開拓であった。

マニア層を対象とした商売が行き詰まれば、新たな市場を開拓するという考え方は、企業戦略の正攻法である。ただ、ここで誤解してはならないのが、バブル経済期以前にあった「ボリューム層」が、現在でも存在すると思ってしまうことだ。カテゴリーにおいてユーザーを分類する時、多くはピラミッド型の図形を用いる。これは上部がマニア層で、順に中間層・大衆層というように続く。ピラミッドであるから下ほど大きくなる。すなわち、その大きな部分が「ボリューム層」というわけだ。

しかし、現在では多くのカテゴリーがピラミッド型ではなく、鉛筆型のユーザー層配分になっている。要するに、マニア層は相変わらず少ないが、中間層・大衆層もそれほどボリュームがないということだ。これが大きかった頃にはマスマーケティングが有効であったが、そうでない現在ではパーソナルマーケティングが主流になる。すなわち、ユーザー個々のニーズを細かく汲み取り、それぞれに応じたアプローチをしなければならないのである。マニア層は百貨店の外商がそうであるように、従来からパーソナルマーケティングの手法で対応されていたのだ。

大塚家具はマニア層をターゲットとした事業展開をしていたのだから、当然パーソナルマーケティングをとらなければならない。しかし、先代社長は広告・宣伝に注力することでユーザーの拡大を図ろうとした。魚の少なくなった漁場で、やみくもに網を投げても漁獲高は期待できない。売上は下がり利益が出ない状況に陥り、現社長がマーケットの拡大を目指す方向に舵を切ったのである。

ところが、大塚家具はすでに先代社長がブランディングをすませている。今更その店舗のターゲットを変えれば、現場もユーザーも混乱するだけだ。さらに、2015年のプロキシーファイトの後、「新生・大塚家具大感謝フェア」と題したいわゆる「お詫びセール」で、最大50％の割引を実施した。これは、マクドナルドの低価格戦術による業績悪化の時と同様に、高級家具の価値を低下させてこれまでのユーザーを離反に導いた。結果、セール後の業績は悪化の一途をたどったのである。

実は、大塚家具が持っていたマーケットは非常に優良なものなのだ。前述のように、現在は消費者ニーズが多様化してパーソナルマーケティングが主流になっている。高級家具はマニア層に固定されたカテゴリーとして成立しており、いわばターゲティングがしっかりとできているマーケットなのだ。あとは、コストを考えながら適切なアプローチをすることで、多くはなくても確実に収益に結びつく。大塚家具はそれを行えるだけのノウハウを構築していたのだから、路線を変える必要はなかったのである。

ただ、それだけでは事業は拡大しない。かえって縮小する危険がある。そこで、現社長が提唱したニトリやイケアに対抗する、新たな業態を構築すればよかったわけだ。すなわち、トヨタが高級車「レクサス」を展開するにあたり、従来のトヨタ系ディーラーではなく、新たに「レクサス店」を立ち上げたようなものである。

企業は、基本的に実在するものではない。登記によって、概念的に存在させるものだ。大塚家具という企業の店舗や社長は実在しても、企業そのものが実態を持つわけではない。だからこそ、企業を構成する人たちが企業の人格を構築しなければならないのだ。その原点となるのが創業の理念であり、経営理念・経営哲学なのである。その企業が何のために設立され、どのようなことを行って、どのようになっていこうとしているのかということを明確にし、経営者・従業員がそれを忠実に実行していく。その姿をステークホルダーが認識することで、初めて企業は実態化していくのである。

人が人と付き合う時、その親密さを深めるためにはどれだけ相手のことを理解するかということが大切になる。企業がユーザーに支持をしてもらうのも同じことで、彼らにどれだけ理解してもらえるかがカギになる。理解をしてもらうためには、自らが何者であるかを明確にしなければならない。得体のしれないものを、誰も支持してくれることはないだろう。ブランディングはそういった意味で、たいへん重要なことなのだ。

大塚家具は、これまでに構築してきたブランディングをいきなり変更したことで、既存のユーザーが持っていた期待を裏切ってしまった。そして、新たにターゲットとしたユーザーの取り込みにも失敗した。今後の有効な対応策はブランドの再構築なのだろうが、それには相当の時間が必要になるために、赤字が続いた現状では企業体力とのバランスが難しい。支援企業に頼るのは、やむを得ないことであったのだろう。

●ブランディングの難しさ

前述の大塚家具に例をみるまでもなく、ブランディングはこれからの企業にとって、非常に大切な要素といえる。現在、これに苦戦しているのが紳士服チェーン店だ。青山商事・ＡＯＫＩ・コナカ・はるやまは同カテゴリーの四天王ともいわれる雄だが、そろって減収減益に苦しんでいる。その大きな理由は、主力商品であるスーツ需要の減少だと考えられる。総務省の家計調査をみると、

2000~2016年にかけて支出額が半減しているのだ。これは、クールビズなどに端を発するビジネスファッションが、変化してきたことに主たる要因をみることができよう。

元々、スーツは「ハレ（非日常）」の分野の商品であって、「ケ（非日常）」のカジュアルとはカテゴリーが違う。それがホワイトカラーの日常的な仕事着として定着し、需要が拡大していった。ゆえに、高度成長期以前はテーラーのオーダースーツや、百貨店のプレタポルテなどが中心で、比較的高価だが長く使用するものと位置付けられていたのだ。

しかし、ビジネスで日常的に使用するのであれば、リーズナブルなものを求めるニーズが大きい。それに応えたのが、紳士服チェーン店なのである。もちろん、リーズナブルな商品を提供するにはコストダウンをしなければならず、それにはさまざまな工夫が必要になってくる。それまでのオーダースーツやプレタポルテとは一線を画し、さまざまなビジネスシーンに合わせて、必要最低限の機能を備えたものになってくるのは当然だ。紳士服チェーン店は、それに特化することでユーザーの支持を得た。すなわち、「リーズナブルで気軽に日常的な使用ができるスーツ」というブランディングが成立したのである。

ブランディングが難しいのは、市場の変化にどう対応するかということだ。紳士服の分野において、この問題は、「省エネ」からきた「クールビズ」によってもたらされた。当初は結果的に流行しなかった半袖スーツの「省エネルック」や、半袖ワイシャツ・ノーネクタイといったものが中心で、スーツ文化そのものに影響を与えることが少なかった。紳士服業界でも涼感素材などを次々に提案し、むしろビジネスチャンスを広げていったのである。

しかし、この問題の延長線上にはスーツ不要論が存在する。そもそも、同じフォーマルでもハワイのアロハシャツや沖縄のかりゆしに比べ、スーツに涼を求めるには限界がある。いずれ、スーツの必要性に疑問符がつくことは、火をみるよりも明らかだった。もちろん、紳士服チェーン店も手をこまねいていたわけではない。カジュアルブランドの買収などで、スーツに代わる収益源確保の努力を続けていた。

問題は、紳士服チェーン店のブランディングである。前にも述べたように、「リーズナブルで気軽に日常的な使用ができるスーツ」という位置付けが確立していた状況で、それに沿った商品開発がされていたのかということだろう。彼らが既に参入しているオーダースーツの分野でも、「身体にベストフィットのスーツをリーズナブルに」ということなら良いのだが、単に「高級オーダースーツをリーズナブルに」では、「気軽に日常使いができる」というコンセプトに差異が生じる。ユーザーは「日常使い」の延長線上にリーズナブルを求めているのであって、「非日常」のスーツはブランドを異にするのだ。

もちろん、紳士服チェーン店が「非日常」の高級品を扱ってはいけないわけではない。しかし、ブランドカテゴリーは別にする必要があるだろう。同様に、カジュアルウェアもブランドとしては別物だ。同じ店舗の中で展開しても、ついで買いによる単価アップ以上のことは期待できない。もちろん、前提としてマーケットが存在することや、コストに見合う商売であることはいうまでもない。これまでの成功体験を基に、同様のノウハウで展開してもうまくいかないのは自明の理なのである。

紳士服チェーン店のスーツは、品揃えと価格に優位性があった。しかし、GMS（総合スーパー）・百貨店・専門店らがそれに対抗してきている。カジュアルウェアほどではないが、ECサイトも無視できない状況にある。オーダーメイドの通販システムの確立も時間の問題だ。ユニクロなどのカジュアルウェアのブランドは、プラスアルファ的商材として、スーツに近いジャケットなどの分野に注力をしてきている。このように、紳士服チェーン店の領域は浸食され続けている状況だ。

紳士服チェーン店を再生するためには、「リーズナブルで気軽に日常的な使用ができるスーツ」というブランドの原点に戻り、どのような提案をユーザーにできるのかにかかっている。ただ、ビジネススーツのマーケットの拡大は難しいので現在の事業規模を見直し、市場に合わせたコストを考える必要があるだろう。あわせて、「リーズナブルで気軽に日常的な使用ができる」というコンセプトから、新たなブランドを立ち上げ、事業拡大を図らざるを得ないのではないだろうか。

●外食産業の深刻な人手不足

マスマーケティングの時代、すなわちバブル経済期以前においては、一つの事業を拡大することによって、企業の成長を確保することが可能であった。例えば、店舗数を増やしたり、売り場面積を広げたりといったことがそれである。しかし、消費者ニーズの多様化が進んだ現在では、単純に事業を拡大しても企業の成長にはつながらない。そこにマーケットがあるのかということを綿密に調査してそれにコストを合わせたうえで、細分化されたニーズについて個別に対応した展開を図らなければ、結果的にユーザーをつかみきることができずに、採算がとれないなどという状況に陥ってしまうからだ。

ただ、一度成功した事業は早期に拡大したいのが経営者の常である。新たなシステムで成功を収めた店舗であれば、勢いのある（資金的余裕、あるいは借入許容範囲が広い）うちに広域あるいは量的拡大展開をするのが、王道と考えても不思議はない。この時、マーケティングに甘さがあると、不採算店を量産することになる。独自のシステムで急成長を遂げた塚田農場の成長に、急ブレーキがかかったのはこういった事情によるところが大きいのだ。綿密なマーケティングを行わずに出店を急ぎ、安易な立地選択・店舗拡大をしたことで、自社競合を生み出すのである。

急激な多店舗化・売り場面積の拡張がもたらすさらなる問題は、立地の選択を誤るだけではない。恐ろしいのは、人材不足による従業員の質の低下を招くことである。人材不足といえば、働き手の確保に目が向きがちだ。確かに、現在は空前の人手不足といわれ、特に現場仕事における人手の確保は大きな課題といえる。しかし、この問題は極論すると資金があればある程度解決するのだ。コストの問題はあるものの、人材派遣会社に依頼するなどといった方法があるからである。

それよりも、その企業が提供しようとしている製品・商品・サービスに関するオペレーションに対して、満足な対応ができる人材を育てられるか否かの方が重要だといえよう。店舗や売り場面積が増えれば、オペレーションワーカーもそれだけ必要になる。ただ、これはマニュアルが整備されるなどしていればある程度対応が可能だ。問題は、マネージャーである。製品・商品・サービスとそれを提供するためのオペレーションを理解し、その実行者であるワーカーの職場環境を整えると同時に、売上・利益・在庫などのストアマネジメントにも、対応が可能な人材でなければならない。これだけの人材を育成するには、相当の時間と洗練された教育システムが必要だ。

店舗展開を優先した企業は、こういったスキルを持たないマネージャーが店舗を管理することになるために、それが店舗の収益を悪化させることに直結してしまう。もちろん、そこに市場が存在しなかったというマーケティングミスによる場合もあるが、マネージャーにスキルがあればそういった分析も可能になってくる。ユニクロでも、かつてフリースが爆発的に売れた後に、急激な店舗展開を進めたことにより、ストアマネージャーの育成が追い付かず、現場力が低下をして収益が下がるなどといったことがあった。いかに、ストアマネージャーが収益向上に貢献しているかということを、如実にあらわした出来事だったといえよう。

また、サンマルクカフェではカフェブームと独自のヒット商品で順調に拡大してきたが、2018年3月期・2019年3月期と連続で増収減益に転じた。その原因の一つが、店舗販売要員が確保できず、機会損失が発生したことなのだ。前にも触れたように、ワーカーの確保は資金があれば何らかの手を打つことが可能だ。そこで、「いきなり！ステーキ」は高い給与と、昇給のスピードアップなどといった制度を導入し、待遇面を改善することで労働力を集めている。

ただ、このやり方には盲点がある。確かに、高額な給与は魅力的だ。しかし、それは必ずしも絶対金額だけで判断されているわけではない。仕事内容とのバランスが重要なのだ。例えばコンビニエンスストアの場合、深夜帯に時給を1200円にしても応募がないことが少なくない。これは、深夜に働かねばならないということに加えて、そもそもコンビニエンスストアのアルバイトの行わなければならないオペレーションが、多岐にわたるという問題があるのだ。レジ・接客はもちろんのこと、入荷・品出し・発注・調理などのほか、たばこ販売・公共料金収受・チケット発行など、数え上げたらきりがない。これを、深夜に少ない人数でこなすということになれば、誰でも二の足を踏むだろう。スーパーマーケットのレジ担当であれば、レジまわりのことを行うだけだ。仮にその時給が950円であったとしても、250円の上乗せでコンビニエンスを選ぶかといわれると疑問符がつく。

さらに、フランチャイズシステムを導入している企業であれば、スーパーバイザーの養成もたいへん手間のかかるものである。これは店舗経営指導員であるから、ストアマネージャーを超えるスキルが必要だ。当然、養成には長い時間を必要とする。理想をいえば、ストアマネージャー経験を持つことが望ましい。また、1人が担当できる店舗にも限界があるため、急激に店舗が増加すると対応するのは困難だ。人は企業の資産である。必要な資産を持っていないのに、事業拡大をするのは無謀以外の何物でもない。バブル経済期以前のような、突撃型の事業展開では万に一つもうまくいくことはおぼつかない。万全の態勢を敷いてこそ、事業拡大が成功するのである。

第5章

今後期待できる企業

●事業改革が遅れている業種には大きなチャンスがある

経済の閉塞感があり、政府の公式発表ほどの景気回復感を得られない現在、少々の対策をしても業績回復にはつながらないと考えがちだ。マーケットはことごとくレッドオーシャンで、新たなブルーオーシャンを求めるのは無理があるのだろうか。確かに、太平洋のような大海原のブルーオーシャンはもう存在しないのかもしれない。しかし、それは必ずしもマーケットの飽和ということではなく、消費者ニーズの多様化で嗜好《しこう》性が強まったことにより、ユーザーを捉えにくくなったことが原因と考えられる。ブルーオーシャンであっても、魚がどこにいるのかをよく調査して、しっかりと狙わなければならないということだ。

また、今後は大海原だけではなく津軽海峡や豊後水道のような、狭い海域にも漁場を求める必要がある。それが、いわゆる「ニッチ」ということだ。一方、大海原でも深海を狙うという考え方もある。同じ場所を深掘りすることで、これまでになかった新しい魚種を開拓することができるかもしれない。そのためには市場調査やオペレーションの改変などといった投資や工夫が必要になるが、事業の安定的継続のためには不可欠なこととといえよう。そのように考えれば、事業改革が遅れている業種には、大きなチャンスがあるといっても過言ではないかもしれない。

商店街などはよい例だ。かつて、彼らは商品を仕入れて販売をするだけであった。ゆえに、スーパーマーケットの進出が始まった高度成長期以降は、これに抗することができずに、衰退の道を歩んでしまったところが多かったのだろう。スーパーマーケットは大手資本であり、物量や価格競争で勝つことは難しい。言い替えれば、同じ土俵では勝負にならないということだ。そこで、スーパーマーケットでは対応ができないような、地元やユーザーに密着したサービスを取り入れるといった、商店街の原点（強み）に立ち返って、再びユーザーの支持を獲得することに成功するところがあらわれたのである。

スーパーマーケットは基本的に、均一性と効率性が求められる。特にチェーン店であれば、どこの店舗でもどのユーザーに対しても、同じサービスが提供できるようにしなければならない。商品の仕入れなら、陳列しやすく形の良いものを安定的に供給することが基本になる。しかし、商店街の店舗にはそのような規制はない。生鮮食料品店であれば、売れそうな旬のものを形が悪くても安い価格で提供できればそれでよいのである。配達・御用聞きはもとより、商品をユーザーのかごに入れたりクルマに運んだりすることも、必要に応じてランダムに対応することができる。場合によっては、商品（生鮮食料品）の調理方法を伝えたり、世間話をしたりすることもあるかもしれない。価格や品揃えといったスーパーマーケットの強みにはあえて挑まず、自分たちのやれることで、ユーザーのニーズに応えられれば、大手資本に立ち向かうことも十分に可能なのである。

●葬祭業

はっきりいって、葬祭事業は旧態依然の経営体質にあるところが多い。効率化・合理化・IT化など、どれをとってもほかの多くの業種に比して遅れをとっている。ところが、そのような状態でもとりあえず経営の成り立っているところが少なくない。それが、人口の少ない地方都市の中小規模事業者でもそうなのである。

この業種が成り立っている要因は、そういったマーケットの現状によるところが大きい。対象が国内に限定されていながら、現段階では比較的安定した市場が存在しているのだ。確かに少子高齢化が進んでいるため、2045年頃以降はマーケットが縮小に転じるともいわれているが、当面はどの地域も死亡人数が増加傾向にある。また、各事業者がそれぞれに営業エリアを持っており、ある程度テリトリーが確立している。言い替えれば、需給バランスがとれているということだ。

さらに、地縁による営業活動が成立するなど、これまで積み重ねてきた事業活動が、業績に強い影響を及ぼすことも、無視できない要素だといえよう。ユーザーが事業者を決定するきっかけは、病院・警察・近隣などから紹介、あるいは情報を得る場合が少なくない。また、事業の特殊性が強く高度なノウハウが必要なため、規制がなくても参入障壁が高い。

これまで、こういった状況に守られてきたとはいうものの、現在の葬祭業界は先行きに大きな不安を抱えている。一つは、単価の大幅な低下だ。バブル経済期以前であれば、単価が高い社葬などといった団体主催の葬儀や、２００万円前後の個人葬儀も珍しくなかったという。しかし、10年ほど前は個人葬儀でも１００万円代後半であったものが、現在は同前半に突入したといわれている。これは、葬儀の簡素化によるものだ。葬儀費用の支払いを行う遺族の経済力・葬儀に対する価値観の変化・死亡者が高齢化することによる参列者の減少などが、その原因といわれている。

もう一つの問題は、価格体系の明確化が進んでいることだ。これは、結果的に前述の単価の低下につながっている。この業界はいまだに旧態依然の体質を持つ企業が多く、ＣＳ（顧客満足）・ＣＩ（企業価値）・ガバナンス（企業統治）に対する意識が低い。すなわち、企業側の論理で事業を行う傾向が強いということである。例えば、ユーザーが身内の「死」という特殊な状況の中で、精神的に不安定な状態であるにもかかわらず、事業者はサービス内容の決定を先行させて通夜・葬儀を実行する。すべてが終わってから、不透明な請求を行うなどといったことが、当たり前のように横行していたのだ。

こういった問題の間隙を突いて、「イオンのお葬式」などのように異業種の大手事業者が窓口となり、価格体系を明確にした葬儀の受注システムを構築した。また、インターネットの普及を受けて葬儀専門のポータルサイトが台頭し始めている。こういった動きに対し、葬祭業界はその問題点を指摘するばかりで、積極的にそれらに対抗できる新たなやり方を、生み出そうとはしなかった。

反面、相当数の事業者は新たなシステムに参加し、当面の収益を確保することにのみに注力した。結果、ユーザーは価格体系がわかりやすい新たなシステムに流れることになる。納得性のある価格には、余分な費用が乗ることはない。さらに、競合他社の価格と比較されるために、一挙に単価の低下に拍車をかけることになったのだ。

とはいえ、新たなシステムを構築した事業者は、は必ずしも葬祭業そのものに手を染めているわけではない。あくまで、窓口と葬儀の受注システムを提供しているだけだ。実際に施行をするのは、従来の葬儀事業者なのである。すなわち、彼らが団結をすれば新たなシステムに対抗し得る可能性があるということだ。ただ、全国すべての事業者が同一システムを利用する必要はない。なぜなら、ユーザーの利用頻度が低いことや、商圏範囲が物理的距離の制約を受ける（1人のユーザーが各地で利用することがない、すなわち商圏外からのユーザーはほとんどいない）からである。

一定の地域の事業者が独自のポータルサイトを運営したり、価格体系を明確にしたりすれば、新たなシステムに対抗することが十分可能なのだ。ほかの業種では盛んに利用方法が検討されているビッグデータについても、葬祭業がそれをパーソナルマーケティングに結びつけるのは至難の業である。それよりも、現在各事業者が行っている会員制度を工夫し、囲い込み戦術をとる方が現実的だ。

このように、少しこれまでのやり方を改めるだけでも、この業種は大きく改善する余地がある。すでに、新しいスタイルを持つ葬祭業の模索を始めた事業者や、終活やライフスタイルの充実を目指した周辺事業に進出している事業者など、旧態依然の経営から脱却を図ろうとしているところも散見される。今後はこういった動きに追随する企業が増加し、業界再編の動きが加速すると考えられる。

実際に改革を進めている事業者の具体的な事例では、一律に「家族葬＝小規模葬＝低価格」ということではなく、ユーザーニーズに合わせて家族葬を細分化するといった試みを実施している。もちろん、低価格を求める簡素化という傾向も少なくない。しかし、家族だけが落ち着いた雰囲気の中で送りたいとか、時間をかけて思い出を語りたいなどという要望も多く、それに応えて専用の施設やプログラムを開発・提供しているのだ。

また、社内の働き方を見直して生産性向上を図っている事業者もいる。従来のような１人の担当者にすべてを任せるのではなく、ＩＴ機器などを駆使して分業制を導入しているのだ。プランナーは葬儀の提案・段取り・契約に特化させ、施行はディレクターが担うといった具合だ。また、葬家との連絡はタブレットを導入することで何度も往復しなくてもすむようにし、必要な書類・データはいつでもそれで閲覧が可能な状態にしておく。見積り・請求・葬祭場の案内などはバックオフィスを用意し、専門の係員に対処させる。もちろん、関係者間のコミュニケーションを十分に行って、情報の共有をしておくことは前提になる。こういった動きが広まることによって、葬祭業はさらに大きなビジネスチャンスをつかむことができるようになってくる。伸びしろの大きな業種であるといっても、過言ではないだろう。

●リゾートホテル

宿泊事業はインバウンドの増加が後押しをして、２０２０年の東京オリンピックや２０２５年の大阪万博の頃まで、大きく進捗することが期待されている。旅行系のポータルサイトや個人のＳＮＳなどが普及し、それらを通じて発信される観光情報といったものが、観光客の呼び込みに一役買っていることは間違いない。一定の観光資源があって、自治体などが観光客誘致に力を入れているところであれば、地方都市でも多くのインバウンドをみかけるようになってきた。観光客の増加は、すなわち宿泊施設の需要を底上げする要因といえよう。特にインバウンドは長期滞在となるため、宿泊施設にとっては得意客といった位置付けになっているのだ。

ただ、かつて温泉旅館などが得意とした団体客向けの画一的なサービスで対応しても、ユーザーニーズに応えることはできない。泊まる・食べる・遊ぶ・体験・癒しなど、さまざまな要望の組み合わせを臨機応変に行うことが必要になってくる。こういった現状に対応できない地方の独立系旅館・ホテルが、魅力的な市場を前にして衰退しているのだ。

彼らの経営環境は、前述の葬祭業に酷似した部分が多い。要するに、旧態依然の企業体質を持っているということだ。ゆえに、本来なら葬祭業と同様に伸びしろが大きいと考えられるので、その改善を図れば好業績を狙えそうに思える。ところが、そうはいかないほど経営悪化の進んでいるところが少なくない。旅館・ホテルの場合、経営改善にはノウハウと少なくない再投資が必要であり、そういった能力や余裕がないということである。

そこで、星野リゾート・大江戸温泉物語・伊東園ホテルズなどの、観光ホテルチェーンが台頭してきたのだ。ホテルを新規に開発する際には、相当の投資が必要になってくる。しかし、既存の旅館を買収して改装するのであれば、投資の回収を早めることも可能になってくる。場合によっては温泉などの施設・権利・従業員などをそのまま引き継ぐこともできる。人手不足で従業員確保が難しいといわれているが、地方都市であればそれはなおさらのことだ。従業員を含めた丸ごとの買収であれば、新規に募集をするより、かえって効率的といえるのかもしれない。

買収の対象として魅力があるか否かは、綿密なマーケティングにより決定する。すでに観光客が多数訪れていれば前向きに検討しやすく、そうでなくても観光資源が存在していて、地域が観光客誘致に積極的であれば可能性を見出せる。買収が成立した施設の運営は、観光ホテルチェーンの持つノウハウを用いて行う。合理化・システム化により、生産性を向上して収益を確保するのだ。

独立系旅館・ホテルから観光ホテルチェーンに移行した際に行われる改善内容は多様であるが、まず外観・内装・設備といったハード面を先行させるのが一般的だ。これは、単に建物をリフレッシュするというだけではない。例えば、これまで団体客やファミリー層が中心であった設備を、富裕層・二人旅・一人旅にも利用しやすいマルチなものに変更するといった改装を行うこともある。これにより、一つの施設でさまざまなユーザーの取り込みが可能になってくるのだ。

ただこの時、ある程度ターゲットを絞り込まなければならない。団体客と富裕層は基本的に相反するユーザーであり、同じ施設が両方をバランスよく取り込むことは難しい。メインターゲットを設定し、施設のコンセプトに沿った設備を整える必要がある。小規模な施設ならば団体客のような大人数の収容は難しいので、富裕層を取り込み単価を上げられるような設備を整える必要があるだろう。こうしたチェーン店ならではのノウハウを駆使して、最適な施設づくり・運営を行うのである。

こうした動きは、必ずしもリゾートホテルだけではない。アパホテルのようなビジネスホテルでも積極的に行われている。インバウンドなどの観光客とは違い、ビジネス需要は大きくは増加していない。むしろ、経費節減や新幹線・航空機の発達で日帰り出張が当たり前となり、減少している地域も少なくない。そこで、ビジネスホテルも観光客の取り込みに力を入れている。

アパホテルは業界の後発企業だ。ゆえに、既存マーケットで一定の地位を築くためには、短期間に集中出店をする必要がある。それには、スピード感が大切だ。そこで、駅に近いなどといった好立地であれば、不動産を取得して自前の建物を建設するという戦術をとっている。ファンドなどを介して投資物件としてホテルを建設したり、賃貸であったりすれば初期投資は抑えられる。しかし、条件交渉や手続きに時間をとられるために、出店速度が遅くなってしまう。短期間に集中出店を実現するためには、最も合理的な方法といえるのだ。

また、整形地には固執せずに立地条件を優先し、非整形地であっても積極的に出店をしている。建物を工夫することで、整形地にも劣らない機能的なホテルを建設するわけだ。前にも述べたように、アパホテルは自己資金で土地・建物を取得する戦術をとっているため、非整形地であれば土地価格が安くなるので、大幅にコストを下げることができるのだ。確かに、ユーザーにとって重要なのは利便性に直結する立地であり、館内の使い勝手に問題がなければ、外観などは大した問題とはいえないのである。

さらに特徴的なのは、集客と価格体系である。ホテルの集客は以前ほどではないにせよ、今でも旅行代理店に依存している部分が結構多い。なぜならば商圏範囲が日本全国はもとより、インバウンドを考慮に入れれば全世界に及ぶからである。いつ・どこで・どれだけのユーザーが予約を希望しているかはわからず、ホテル運営者が各地に拠点を持っているわけでもない。結果的に、各地で旅行を斡旋している旅行代理店に依頼して、送客してもらう方が効率的なのだ。ただ、彼らの手数料が大きいために利益率の低下を招いてしまう。

昨今はインターネットの普及によって、ポータルサイトを通じた予約が多くなってきた。アパホテルはいち早くここに目をつけ、旅行代理店に送客を依存していない。もちろん自社サイトも用意し、ここにユーザーを誘導することで手数料を抑えようとしている。ほかにも自動チェックイン機の導入といった合理化を進め、コストダウンに力を入れているのである。

価格体系は、変動型を採用した。すなわち、客室稼働状況に合わせて宿泊費を変動させているのだ。これなら、ユーザーは閑散期に安く泊まれるというメリットがある。逆に、繁忙期は宿泊費が高くなるので利益率の向上につながる。一般的なビジネスホテルの利益率が3～6％程度といわれている中、アパホテルは約30％確保していることから考えても、コストと変動価格の管理が徹底されていることは疑う余地がない。

会員制度によるポイント還元を実施し、ユーザーの囲い込みにも余念がない。これをさらに強化するために、地方都市ではフランチャイズによる出店を行い、どこに出張・旅行をしてもアパブランドのホテルを利用できるようにしている。また、多くのホテルに導入されている大浴場は、ユーザーにくつろぎを提供することはもちろんだが、部屋のユニットバスを使用しなくなるために、水道光熱費を抑えるといった効果もある。このように、生産性の高い効率的な経営を行うことで、ホテルの経営は高い収益につながるのである。

これは、カプセルホテルでも同様のことがいえる。以前は「タクシー代よりは安い宿泊施設」ということで、まさに宿泊に特化しただけのものであった。ルーツをたどれば、休憩室が充実したサウナ風呂の延長である。終電を逃したサラリーマンの緊急避難的な機能を有していたということだ。寝室であるカプセルは必要最低限の大きさで、外観はまるで蜂の巣のようであった。そこで死んだように眠りこける仕事帰りのサラリーマンを指して、「討ち死に族」などといった言葉が使われるような、悲壮感すら漂う雰囲気を醸し出していたのである。

そもそも、カプセルホテルは簡易宿泊所の扱いであり、旅館・ホテルに比べて規制が緩い。カプセル部分は個室ではなく、相部屋という位置付けなのだ。ゆえに設備コストが低く抑えられて宿泊価格を安く設定できるため、前述のような需要を中心に普及したのである。しかし、ビジネスホテルの設備が充実して3000〜1万円台程度で泊まれるようになると、カプセルホテルの魅力はそれほど大きくなくなった。それが、バブル崩壊後の一時期に衰退した要因である。

ところが、昨今のインバウンドを中心とした宿泊需要が高まると、シティホテル利用者がビジネスホテルに流れ、絶対的な宿泊施設の不足という事態に陥った。比較的簡易な施設であるため、計画から営業までの期間が短いカプセルホテルに、ビジネスホテルの受け皿として新たな需要が発生したのだ。この場合、以前のように疲れ切ったビジネスマンが、とりあえず寝られればよいといったコンセプトでは成り立たない。形状はカプセルだが、まるで高級寝台列車や飛行機のファーストクラスのような空間が用意され、風呂・ワークスペース・くつろぎスペースなどの付帯設備も充実した、新しいタイプのカプセルホテルが誕生したのである。

これは、まさに需要に応じたニッチな事業である。当然、競合状況も激しくなってきているが、価格に特化・健康志向・充実した付帯サービスなど、事業者ごとに特徴を打ち出して、ユーザーが好みに合わせて選択ができるようになってきているのだ。もちろん、事業展開が可能な地域はほかの宿泊施設よりも限られてくる。インバウンドなどの観光客が多い地域で、リーズナブルな宿泊施設の供給が需要に追い付いていないといったところになるだろう。

簡易宿泊所であるとはいえ、１泊の宿泊単価は３０００～６０００円台が主流だ。施設の建設・改装投資を考えれば、健全かつ適正な価格設定といえよう。宿泊需要が多くない地域では、ビジネスホテルがこの価格帯で運営しているところもある。これでは、カプセルホテルを成り立たせるのは難しい。ゆえに、綿密なマーケット調査を実施して、需要を正確に把握することで、ビジネスとして成立させることができるようになるのだ。

強力なライバルとして、脅威になる可能性を指摘されているのが民泊であるが、これはそれほど大きな影響を与えるものではない。最大のネックは、運営のレベルである。ホテルやカプセルホテルは、ある程度の規模を持つ企業が、運営ノウハウを蓄積しながら事業展開をしている。しかし、民泊は小規模事業者や個人事業者が多く、モラルに欠けた運営が行われることも少なくない。

特区として実施されていたところではそれほど大きな問題にならなかったが、便乗して運営されていたいわゆる闇民泊の中には、法律を無視した無責任な事業者が紛れ込んでいたことは否定できない。目立った事故・事件は多くはなかったが、近隣住民とのトラブルに端を発した苦情は多数発生し、その対策に乗り出さざるを得なくなった地域も多い。

法律としての民泊は一定の条件のもとで解禁になったが、自治体の条例でローカルルールを決めることができる。中には営業期間などに厳しい制限を設けたため、実質的に民泊が運営できなくなったところもあるのだ。増加するインバウンドに対応することを主眼とした民泊は、空き家対策・副業対策（年金対策）といった社会問題の解決策としても期待されたが、軌道に乗るまでの道のりは長そうだ。ホテルや旅館の営業に大きな影響を与える存在にはなるためには、しばらく時間が必要だと思われる。

宿泊事業は地域にもよるが、インバウンドなどの観光客が増加するので当面は追い風が吹くと考えられる。あとは、それにどう対応するかということであり、風を感じて上手に帆を張った事業者が成功することになる。特に旅館は、これまでそういった努力にあまり積極的でなかったのだから、運営体制の見直しをするだけでも収益が改善する可能性を秘めている。これだけ恵まれた業界は、決して多くはないといえよう。

●しまむら

飛ぶ鳥を落とす勢いで独自の進化を遂げてきたしまむらだが、２０１７年頃から失速し始めた。その原因についてはさまざまな分析がなされているが、方針転換の弊害が要因の一つと考えてよいだろう。厳しい言い方をすれば、前に述べた大塚家具と同じ失敗をしたということだ。ただ、大塚家具の場合は単価やユーザーの意識が高い高級家具販売から普及品に進出したために、混乱したユーザーが一斉に離れて大きなダメージを受けたのである。高級家具ユーザーと普及品ユーザーはほとんど被っていないために、双方が大塚家具の位置付けを見失ったということなのだ。これに対してしまむらは、多様なファストファッションから、ＳＰＡ（製造販売）タイプのファストファッションに進出したために、共通するユーザーも多く、混乱が少なかったのであろう。ただ、「しまらー」「しまパト」などというコアなファンには、戸惑いが大きかったに違いない。

　しまむらがテリトリーとするファストファッションは、基本的に低価格が大きな魅力の一つである。これに、ユーザーが満足できる一定の品質であったり、ファッション性であったりといった要素が加味されて、最終的な評価（売

ユニークなシステムを持つしまむら

上）がでるといってよい。もちろん、店舗の立地・店員の質・ターゲティングアプローチなど、マーケティング的要素も忘れてはいけない。

ユニクロはこの中でも特に品質にこだわり、それを、徹底するためにＳＰＡを採用した。事実、ユニクロの商品は値段の割に高品質だ。それを外国工場で実現した製造管理力の高さは大きな強みといえる。さらに利益率が高い。ＮＢ（ナショナルブランド）よりＰＢ（プライベートブランド）の方が、粗利《あらり》率を高く設定できるのは当然だ。ただ、ＳＰＡは多様性に欠点を持つ。基本的に自社で商品の企画を行うため、バリエーションには自ずと限界が発生する。カラーや全体の形状に変更のないデザインなら対応可能だが、スタイルや形状の違う商品を豊富に並べることは難しい。

しまむらは、この対極に特徴を持っている。すなわち、商品バリエーションの広さだ。しかも、それが短期間で入れ替わる。ユーザーはいつ訪れても新しい商品があり、それをチェックすることが「しまパト」という言葉を生むような、一つの現象になっているのである。同じカテゴリーでも、事業者によってやり方・方法に違いが出るのは当然のことで、それが企業を特徴づけていることも少なくない。ゆえに、いったん固定した特徴は時流に合わせて細やかな変化はしていくものの、大きく変更することは好ましいとはいえない。特に、商品バリエーションの豊富さと対極をなすＳＰＡを導入するのは、ある意味タブーといっても過言ではないのだ。

しかし、しまむらが持つ特徴はほかにも多くあり、それらは極めて斬新な発想によるものが多い。しかも、それらをすべて手放してユニクロ化したわけではないので、比較的簡単に軌道修正ができるのではないだろうか。すなわち、しまむらの業績回復は、それほど難しい話ではないということだ。ＳＰＡにしても、ＮＢとのバランスを考え売れ筋に絞って導入するなど、対策はいくらでもあると思われる。

しまむらが持つ特徴で、特筆するべき項目はドミナント出店だ。これは、すでに使い古されたマーケティング手法のようだが、実は多くの例が欠点を抱えたまま実行されている。基本的には、一定の地域に集中的に出店することで、競合他社にマーケットを与えないというやり方である。スーパーマーケットや専門店チェーンなども行っているが、コンビニエンスストアが最も積極的に導入しているといわれている。なぜならば、彼らは出店コストが低く、一店舗当たりの商圏範囲が狭いからだ。

加えて、コンビニエンスストアがフランチャイズシステムを採用しているために、フランチャイザー（フランチャイズ運営事業者）の出店リスクは低いということもある。基本的に、土地・建物はフランチャイジー（加盟店）が用意、あるいは借り受けるために多額の費用を負担することになる。要するに、フランチャイザーは費用をかけずに、短期間に大量出店が可能なシステムになっているということだ。

そこで、フランチャイザーが出店可能な物件が出てくると、競合店に確保される前に押さえて出店しようと考える。それに応じるフランチャイジーがいれば、短期間で出店が実現するのだ。もちろん、近隣の既存店は売上に直結する問題なので、必ずしも彼らに出店が歓迎されているとは限らない。しかし、競合店が出れば結果的に同じなので、最終的には応じることも少なくない。こうして、コンビニエンスストアのドミナント戦略は推し進められてきた。

このことからも明らかなように、ドミナント出店は自社競合を生みやすいという欠点を持つ。仮にドミナント戦略でなくても国内市場は限られているので、「チェーン店国内５００店舗限界説」のような出店限界論が存在する。いずれにせよ、地域マーケットを確保するために出店攻勢を続ければ、多かれ少なかれ自社競合が発生することは避けられない。フランチャイズであれば、各店舗でオーナーが違うことも多く、自社競合は深刻な問題に発展する。結果的に、店舗収支が合わなくなって退店を余儀なくされることも少なくない。

なぜこのような問題が起こるのかというと、近視眼的には前述のように、ドミナント戦略によってマーケットが重なった自社同士でパイの奪いあいが起きるからである。これは、競合が出店した場合にも同様なのであるが、自社同士の場合はほとんど差別化することができず、立地やユーザーの事情といった他責要件によって売上が左右されるので、より深刻な問題になりやすい。結果的に、共倒れをするとその地域が大きな空白地帯になってしまうので、それを避けるために業績が悪い店舗を閉鎖することになる。そこを担っていたオーナーや従業員にとっては、不幸に見舞われたとしかいいようがない。

このような問題が繰り返されている中で、ドミナント戦略とは一体何であるのかということを、再度考えなければならないといえよう。本来この戦略は、地域のマーケットを広く囲い込むためのものである。それには、競合に入る余地を与えてはならないので高い密度の出店をしたはずだ。言い替えれば、個店戦略はそれぞれの店舗が独立して戦う「点」の戦略であり、ドミナント戦略はこれに対する「面」の戦略のはずである。だとすれば、マーケットを「面」で押さえることに目的があるのだから、店舗によっては赤字が発生しても仕方のないことなのだ。

小売業は、売上を店舗単位で考える習慣がある。人事制度（評価制度）は、それをベースに設計されている。ゆえに、店舗の業績不振は大きな問題とされるのだ。コンビニエンスストアも、基本的にはこれと同じ構造を持っている。だから、小売業の店舗は強い。軍隊でいえば特殊部隊のようなもので、生と死を背負いながらギリギリのところで必死に戦っているようなものだ。ところが、友軍といえどもほかの部隊と連携をとるのが苦手である。必ずしも良い例ではないが、地域で勝つために囮になって犠牲を買って出なければならないこともある。結果的に、皆が手柄をあげようとするから、シナジーが発揮できなくなるのだ。

このことから明らかなように、ドミナント戦略は、個店で戦っているとその効果が半減してしまう。確かに、成功すれば地域を「面」で制圧して競合を排除できる。ただ、この時、多くはそこに位置するすべての店舗が、好調であることを要求する。言い替えれば、店舗やそこに所属する人たちの評価は個店の成績で決まるということだ。本来の目的が「面」の制圧なのに評価を「点」で行えば、そこに整合性はなくなってしまう。「面」の制圧は総合力の結果であり、そこにはそれぞれ担っている役割がある。それを正しく評価しなければ、犠牲になった店舗の従業員はたまったものではない。

これがフランチャイズであれば、さらに始末が悪いといえよう。同じ会社であれば評価の問題であるから、転勤などでまた違う条件の部署に移ることができる。しかし、フランチャイズはオーナーが違うと転勤が発生しない。「面」を埋めるために小さなマーケットを担当させられた、あるいは近隣に出店されてしまったとしても、犠牲になる店舗の損失は誰も保証してくれない。チェーン全体のメリットと、個店のメリットは必ずしも一致しないのである。

しまむらはこの論理を理解しており、ドミナント戦略を「面」で捉えている。そのことが、シナジーを生んでいるのだ。そもそも、同社は店舗従業員の負担を少なくするシステムを数多く取り入れている。これは今後、小売業の人手不足に有効な施策となるであろう。例えば、エリアの６～７店舗程度をひとまとめにしてブロックとし、それをブロックマネージャーが管理をすることによって、エリア全体で収益を向上させるなどといったことがそうだ。この場合、業績をエリア単位で管理できるということのほかに、実質的な店長が少なくてすむので、店舗が急激に増加しても対応しやすいというメリットもある。

また、物流にも工夫がある。多くの企業では物流コストや輸送効率を優先するために、その負担が店舗にかかる。これに対して、しまむらでは店舗のオペレーションを効率化することに重点を置いているため、開梱・陳列・展示に手間がとられないような物流システムが採用されている。もちろん、店舗の負担が小さくなれば物流の負担は増えるが、それを担う人数や時間を考慮して効率性・生産性を考えれば、しまむら方式の有効性が理解できるのではないだろうか。このように、しまむらはすでに確立している独特の強みを多数保持している。今はＳＰＡの方向性を探って業績によくない影響が出ているものの、ベースがしっかりとした企業なので復活する日も遠くないと思われる。

さらに、しまむらがこの先ドミナント戦略を進化させるとしたら、これまでのような売り手側の論理ではなく、買い手側の要望を活かしたものになると考えられよう。これまでも説明したように、ドミナント戦略は一定エリア内に集中的な出店を行うことで、競合が参入する余地をなくすというやり方である。すなわち、出店される店舗はすべて同じブランドの店舗ということになる。

しかし、これからのマーケティングはより細かくユーザーニーズに対応しなければならない。すなわち、ユーザーニーズの多様化によって一つ一つのカテゴリーやマーケットが小さくなるため、多く出店すると早晩飽和状態になってしまうのだ。これに、前述の個店ごとの人事制度を導入すれば、多くの不振店が発生して撤退を余儀なくされる。これでは、結果的にドミナント戦略が崩壊してしまいかねない。

そこで、微妙に変化しているユーザーのニーズに合わせたカテゴリーの違う店舗形態を複数用意し、自社競合が発生しにくくするのである。物流・商品加工・オーダーメイド・在庫などは、エリア全体で施設を共有することで効率化を図る。一つ一つの店舗規模は、外観・収益ともにそれほど大きくない。しかし、それに見合ったコストで運営することで確実に収益をもたらす。そういった小さな収益を会社としてまとめることができれば、リスクの大きい大型店を出店しなくても、事業拡大が図れるのだ。

ドミナント戦略に伴う出店・退店・業態変更の判断は、極めてスピーディーに行わなければならない。なぜならば、現在はそれだけ世の中の変化の速度が速くなっているからだ。ゆえに、短期間で大量出店が可能だからといって、運営開始後に意思疎通に時間のかかるフランチャイズ制度は、かなり慎重に進めていかなければならないといえよう。しまむらはすでに複数ブランドを目的別に所有しており、今後はそれらを適正な規模でマーケットに配置して、強力なドミナント戦略を推し進めることが可能なのではないだろうか。

●相模電鉄

同社は関東の大手私鉄であるが、唯一他社との乗り入れを行っていない鉄道事業者であった。横浜市の代表的な繁華街である横浜駅から、横浜市西部のベッドタウンを経由して海老名市・藤沢市を結び、横浜あるいは東京への通勤・通学客輸送を中心とした鉄道路線である。ゆえに、観光客を意識した特筆するべき施策はとっておらず、観光客向けの車両も保有していない。より多くのユーザーを、効率的かつ快適に運べる通勤車両だけで運行されている。

同社もほかの私鉄と同様に、沿線開発をすることで不動産収入を得、乗車人数を増加させてきた。しかし、首都圏の開発は全体的に飽和状態であり、路線拡大が見込めない同社の成長性には限界がみえていたといえよう。それが本線の西谷駅から分岐し、新設される羽沢横浜国大駅を経て、ＪＲ東海道貨物線から横須賀線経由で新宿に至るルートと、新横浜駅（相鉄駅として新設）から東急東横線日吉駅に接続して、渋谷・埼玉方面に至るルートの計画が進行・実施されているのだ。「相鉄の悲願」といわれていた、東京乗り入れが実現するのである。ＪＲ直通線は2019年11月30日に開業し、東急直通線は2022年下期の開通を目指している。

もちろん、このことで相鉄線が東京まで延伸するわけではない。通常、鉄道の乗り入れは車両だけであって、乗り入れ先は相手の鉄道会社の経営だ。乗客は相乗効果で増加すると思われるが、関東の大手私鉄はすでにキャパシティに余裕がない。同社も車両編成は8～10両で、ほかの関東大手私鉄同様通勤時間帯は満員である。すなわち、この延伸が乗車人数・鉄道売上倍増につながるわけではない。

しかし、この乗り入れで相鉄沿線の価値は格段に上がる。現在のように、横浜駅で乗り換えて東京方面に向かうよりも利便性は高まり、多くの既存駅から山手線まで1時間程度で行けるようにな

今後に期待が高まる相模鉄道

る。さらに追い風となっているのが、生産緑地指定解除の2022年問題だ。これは、市街化区域における農地の特例税制のことで、2022年にこの多くが解除されるのである。相鉄沿線にはこの対象となる地域が多く存在するために、農地から宅地に転用される土地が増加し、沿線開発が進むと考えられるのだ。

このように、閉塞感を持つといわれていた同社の伸びしろは、実はたいへん大きかったことが判明した。さらに、いずみ野線も平塚方面への延伸が検討されており、さらなる飛躍が期待されている。企業にとって伸びしろは非常に重要なものであり、これがなければ事業の拡大はもとより、維持することも難しい。事業拡大を図るのであれば、いかに伸びしろを広げるかということを、まず考えなければならないのであろう。

これは、地方私鉄でも同様だ。例えば、ひたちなか海浜鉄道である。同社の前身は茨城交通湊線。経営危機に陥ったことからひたちなか市が出資をし、第三セクターとして再出発した。経営再建が成った理由は、公募で就任した社長が実施した多数の施策によるものだが、それは一貫してユーザー目線に立っている。鉄道事業は規模の大小にかかわらず、基本的には沿線住民によって成り立っているのだから、それは当然のことといえるかもしれない。観光客を対象とした路線や、新幹線のように長距離移動者が中心の鉄道事業者であっても、その姿勢が変わることはないはずだ。

ところが、多くのローカル線では乗客の減少による経営悪化が起きると、経営の極端な合理化を進める傾向が強い。結果的にユーザーサービスが低下して、さらに利用者を減らして収益を悪化させる結果になっている。もちろん、合理化による生産性の向上は企業の命題といえる。鉄道事業であれば、ワンマン化・駅の無人化・運行本数の減少はやむを得ないのかもしれない。鉄道は「安全に」「予定どおりに」ユーザーを目的地に運ぶことが大切なので、車内サービス・駅務サービス・運行頻度の優先順位が低くなっているのであろう。

ひたちなか海浜鉄道が再生を目指した時に、それに協力したのは沿線の住民である。駅の掃除や植栽をボランティアが担うほか、乗客に対する地元商店の優待など、地域をあげて応援（おらが湊鐵道応援団）をしたのである。もちろん、営利事業者がその業務の一端を、ボランティアに依存するというのは一種の禁じ手だ。必ずしもボランティアは犠牲者ではないが、どこかで労働的犠牲を発生させて事業を維持するというのは、サービス残業の横行にも等しい部分がある。「働き方改革」がいわれるご時世に、沿ったものとはいえないであろう。

しかし、経営危機に瀕しており、事業者が一丸となって再建に取り組んでいく中で、そのユーザーが応援を申し出るというのは悪いことではない。いわば、サッカーのサポーターと同じようなものであるから、本当にその企業の存続を願うユーザーの行為であれば、否定する必要はないと思われる。重要なのは、それを受ける企業がその厚意に甘えすぎないということであろう。

結果的に、同社はそれに助けられる形で再建を進めた。さまざまな活動の中でも経営判断の助けとなったのは、彼らが同社に寄せた要望の数々であったという。大手事業者であれば、調査会社に依頼するなどしてマーケティング調査を行うことが多い。事業の方向性はもとより、新製品の開発・新商品や新サービスの導入・適正価格調査など、中・長期経営計画を考えるうえで欠かすことのできないプロセスだ。これを中堅・中小企業が行う場合、大金を払って調査会社に依頼することが難しい場合も少なくない。そこでよく使われる手段が、ユーザーなどに協力を得たモニター・アンケート方式である。同社にとって、応援団はまさにユーザーの代表者そのものであったわけだ。その意見は貴重なものであり、もちろん経営的に採用できないものがあるにせよ、真摯《しんし》に耳を傾ける価値は十分にあるものだったのだ。

そして、行われたのが最終列車の繰り下げと増発である。前述のように、鉄道の経営合理化の定番は減便である。この真逆を行ったわけだ。しかし、これは当然の施策といえよう。なぜならば、鉄道は何のためにあるのかということを考えれば、それは地域住民や観光客の足であり、そこに求められるのは利便性であるからだ。合理化で減便をし、不便になってさらに利用者が減るといった愚を、これまでどれだけ多くの公共交通機関が犯してきたことであろうか。現在でも、ＪＲ北海道やＪＲ九州などが自社単独で維持できない路線が多いとして、地元自治体らの援助がなければ廃止もやむなしといっている。その前に何かやれることがあるのではないだろうか。

ひたちなか海浜鉄道が終電を繰り下げたことにより、東京方面から遅く帰るユーザーも利用できるようになった。そして、40分間隔から20分間隔になったことでも利便性が高まり、乗降客数が回復傾向にある。応援団の要望を基にマーケティングを行い、コストとの兼ね合いをみながらできることを行っていくという施策は、一見地味にみえるかもしれないがその効果は大きい。派手なイベント列車などのキャンペーンも時には必要であろうが、それは地道な努力の積み重ねがあってこそ効果を発揮するのである。

同社は、さらに延伸計画も持っている。それは、同社線終点の阿字ヶ浦から約１㎞ほど先にある、地域最大のスポット「国営ひたち海浜公園」までの区間だ。延伸距離は約３㎞程度、総事業費は78億円になるという。同公園は現在、ＪＲ勝田駅から直通バス・自家用車による来園が中心で、阿字ヶ浦からもバスが出ている。年間動員力は約２００万人といわれるから、これを鉄道輸送に振り分けられれば相当の増収が見込める。沿線観光を連動させれば、１日乗車券などを利用するユーザーが増加し、沿線住民にもメリットがあるだろう。中小私鉄にとって少なくない投資（国・自治体の費用分担も計画されているので、全額同社負担になるわけではない）ではあるが、同社には勝算があるようだ。

同様に、ユニークな発想をした鉄道事業者にいすみ鉄道がある。千葉県の房総半島中央部から東に向かって走る、第三セクターのローカル線だ。この鉄道も公募社長がさまざまな施策で事業を支えてきているが、特筆すべきは優等列車の無料朝食サービスであろう。これは、乗車券に加えて急行券・指定券が必要だが乗車率の悪い列車（閑散期の早朝）で、朝食を一定期間無料配布したものである。結果は、各列車で15名あまりが利用したそうだ。

この朝食は原価で300円程度かかるが、これを「費用」として捉えれば経費の純増となる。業績改善が急務の鉄道にとって、一番に合理化対象となる行為だ。その代表的な例がＪＲの車内販売である。特急列車だけではなく、現在では比較的乗車率の高い新幹線でも廃止、あるいは縮小方向にある。長距離移動でコーヒーやアイスクリームの購入を楽しみにしていても、保温・保冷が必要で常温商品より手間がかかることを理由に、多くの列車で廃止されてしまっている。果たして、これらを手間や収益の観点からだけで判断してもよいのであろうか。

いすみ鉄道ではもともと乗車率のよくなかった列車が対象であったこともあり、コストがかかっても実質的には乗客が増えた分だけ増収・増益になる。結果的に、朝食サービスは販売促進につながる「投資」であったのだ。前述のひたちなか海浜鉄道でも同じだが、要はユーザーのニーズがどこにあるのかということを考え、増収増益になる施策を優先して実施することが大切なのだ。業績が悪化するとすぐにコストダウンに目が向くが、それがさらなる減収減益につながることも珍しくない。事業は何のために行うのか、誰のために行うのか、利用した人がどのようになるのかなどといったことをよく検討し、あるべき姿を愚直に追い求めることが大切なのである。

第6章

危険な要素を持つ企業

●なぜ危険に気づかないのか

組織体で存在する営利企業は、基本的に営利の追求と永続性の維持が命題である。これに、それぞれの個性が公序良俗に沿って加味されることで特徴を持つことになるのだ。この原則は変わることはない。ゆえに、営利企業は常に経営理念や創業の精神に従って、「儲け」と「存続」を模索しているのである。この努力を怠った時、あるいは努力が実らなかった時に経営の危機が訪れる。これは極めて当たり前のことなのだが、それを実践するとなると案外にうまくいかないのである。

高度成長期からバブル経済期にかけて、日本経済は右肩上がりで成長してきた。マーケティングに関する考え方も、情報が少なかったことや一定の限られたマーケットで商売が成り立っていたことにより、ユーザーの嗜好《しこう》が共通化していた部分も多かったために、それほど緻密である必要がなかったのである。例えば小売業の場合、店舗出店予定地から半径○㎞で商圏範囲を決め、その地域の人口を調査するだけでも出店可否が決定できた。立地はなるべく人の集まる繁華街か、クルマで移動しやすい幹線道路沿いを選べばよい。なぜならば、店前通行客（通行量）に対して入店率を高める施策をとれば来店客の増加につながり、売上を確保できたからである。

こういったやり方は一種の賭けであり、うまくいかない場合もないわけではない。しかし、景気が良い時にはそれでも多くの店舗が少なくとも損益分岐点をクリアしたのである。結果的に売上が予算どおりに達成し、利益もそれについてくる。店舗の出店は成功とみなされ、同様の方法で次の出店が計画されることになった。今でもそうだが、小売業が多店舗化をするのは売上の増大による利益の確保が狙いだ。これは、前述の営利事業の基本に則った行為である。ゆえに、多くの小売事業者はこの戦略をとり続けてきたのである。

しかし、バブル経済が崩壊する頃にグローバル化とＩＴ化が目まぐるしく進み、この考え方の根幹となる部分を大きく変えた。それが、「経済は必ずしも右肩上がりではない」ということと、「消費者ニーズの多様化」だ。無論、背景には少子高齢化などによる不動産資産の安定性が崩れたなどといったことも影響しているだろう。ともあれこれらによってマーケティングの手法は、抜本的な見直しを迫られることになった。それまでのように、何らかの努力をすれば相応の結果が出る時代ではなくなったということである。

少し本題から外れるが、「働き方改革」もここが出発点だ。何か努力をすれば何らかの結果が出る時代であれば、「努力と根性」でも相当の結果が出せた。延長営業やセール販売などはそのよい例だ。しかし、それで結果が出なくなったのであれば、無駄な努力を強いているにすぎない。生産性を高めて効率的に運営するべき営利企業には、そぐわない施策ということになる。だから、これまでのやり方を改める必要性が出てきたのだ。これが、経営側の「働き方改革」なのである。

このようなマーケットの変化は、理屈ではない。バブル経済崩壊後、さまざまな企業が業績不振や倒産などといった状態になって、対策を打たなければならないといった風潮があらわれた。しかし、小売や営業の現場ではもっと早い時期からそのことを感じていた。経理担当者などのスタッフ・バックアップ部門でも、風向きが変わったことは早くからわかっていたはずだ。当然、経営者が察知していないということはなかったであろう。しかし、ある程度結果が出ている段階で人は変化を好まない。いや、恐れているといっても過言ではない。なぜならば、変化によって業績が悪くなる可能性がある、あるいは自身も変わらなくてはならなくなるからである。

このことが、時代の変化への対応を遅らせる。よく、日本の企業は世界的にみて判断が遅いといわれるが、それは変化を恐れることと責任の回避がなせる業だ。もちろん、臨機応変がすべて良いわけではない。最終判断をするのが経営者であることも、その責任の所在からして明らかだ。しかし、それらを加味しても確かに慎重すぎるところがあるのかもしれない。バブル経済期以前のように、比較的先の見通しが立ちやすい状況にあれば、誰でも簡単に相応の判断が下せたのであろう。そのころは価値観が多様化していなかったので、「成功体験」という誰でも簡単に使える共通したマニュアルがあったのだ。しかし、経済環境が複雑になってさまざまな考え方が出現し、先が予測しづらい中でそのマニュアルは効力を失い、重大な判断を短時間で下すのは難しい状況になったのである。

先が見通せないということは、すなわち情報不足ということである。逆にいえば、情報を丁寧《ていねい》に収集・分析し、それに基づいた方向性を明確にしておけば、誰もが正しい判断を短時間でできるようになる。例えばテーマパークの場合、情報分析をした結果として、現代社会がストレスに満ちているという状況判断をすれば、それを癒すことがテーマパークの目的だと決断できる。その方針を受けた接客従業員（現場）は、自ずとやるべきことがみえてくるのだ。「来園者が楽しむ」という価値観であれば、「ごみが落ちていれば自分はどうすればよいのか」ということを、誰から教わることがなくても「拾って処分する」という行為が自然と出てくることになるのである。

組織として事業に関連する情報を収集・分析し、経営者はもちろんのこと各部門で利用できるように加工・共有する。それを基に、何をなすべきかといった目標を定める。同時に、自社の実状と照らして目標とのギャップを把握し、それを理念・方針に沿って効率的に埋めていかなければならない。この一連の作業がバブル経済期に注目され、各社がこぞって採用をしたＣＩ（コーポレーション・アイデンティティ）なのである。

ＣＩといえばすぐに新製品や新しいロゴを考えるが、それは枝葉末節にすぎない。本来は、企業の存在価値を確認する行為のことである。言い替えれば、企業が「自分は何者であるか」を正しく認識して向かうべき方向性を決め、そこに到達するための手段を選定してそれを成し遂げていくといった、いわば企業の行動計画を立案・実行するための手法なのである。

ＣＩを行うためには、まずポジショニングという作業を実施する。これは、企業の現状を確認する行為だ。同時に、創業理念・経営理念・経営哲学などを整備し、進むべき方向性と方針を明確にする。これらがすめば、自ずと目標と出発点が明確になる。いうまでもないが、目標はあるべき姿であって現在はそれに到達していない状況だ。前にも触れたように、このギャップを創業理念・経営理念・経営哲学に沿って、効率的に埋めるための具体的な手法を実行するのが事業活動である。

その過程で、新しい製品・商品・サービスが生まれることもあれば、ロゴや社名を刷新することもあるのだ。これらは、すべて企業内が一体化して方向性を同じくすることで、組織としての総合力を最大化するためのツールとなり、中・長期計画につながっていくのである。ＣＩはバブル経済期の企業文化祭的なお遊びではなく、事業計画立案の大切なプロセスということだ。しかし、実際にはなかなかこのような過程を踏んで経営計画を立案する企業は少ない。なぜならば、あるべき姿や現状分析まではできても、そのギャップを埋めるための新たな効率的手段の導入・実行に躊躇するからだ。それが、前に述べた変化に対する抵抗なのである。

そのような中でも、ＣＩを成功させた企業の事例がいくつか存在する。その代表例が、アサヒビールであろう。1986年にCIの実施を公にし、1987年には新製品の「アサヒスーパードライ」を発売して大ヒット商品となった。今でこそ同社はビール業界のトップ企業だが、CI開始前の1980年代中頃のシェアはキリンビール・サッポロビールに次ぐ3位で、4位のサントリーに追い抜かれかねない状況にあったのだ。

結果的にみれば、現在の地位はスーパードライのヒットがきっかけである。すなわち、CI前の同社には売上を牽引するヒット商品がなかったということだ。確かにキリンビールのラガー、サッポロビールの黒ラベル、サントリーの純生といった、ユーザーの印象に強く残るような、メインとなる商品が弱かったのは事実である。だからといって、単純に新製品開発をしてもうまくいくとは限らない。仮に綿密なマーケティングをしたとしても、そこに「アサヒビール」が感じられなければ、ブームは一過性のもので終わってしまう。

CIのポジショニングは、自身のみつめなおしだ。言い替えれば、「自分が何者であるか」を再確認する作業である。これまで述べたように、企業は架空のものであって三次元的に存在するものではない。登記簿に登記されることで、概念として存在しているにすぎない。いわば、実体のない幽霊のようなものだ。しかし、そこには企業を構成する多くの人がいる。彼らが経営者を中心に「自分（当該企業）が何者であるか」を明確にし、進むべき方向性を決めなければならないのだ。新製品は、その延長線上になければならない。もし、多くのユーザーが受け入れるような新製品をつくったとしても、その方向性に沿っていなければ、前述のように一過性のもので終わってしまう。

明確になった方向性の中で、一定期間で達成するべき目標が示される。旅行でいえば、これが「行先」に当たる。ポジショニングによって把握した現状は「出発点」だ。ここから、どのような交通機関を使って「行先」を目指すのかということが、業務手段なのである。この時、到達予定時間・予算・合理性といったことを考えると同時に、企業理念を加味することで個性があらわれる。言い替えれば、同じような場所から同じようなところに向かうにしても、さまざまな交通手段やルートが存在し、それをどのように選択するかが企業の個性になるということである。このことが、実体のない幽霊のような存在でしかなかった企業を、ユーザーが実感できる瞬間なのである。同じビール会社でありながら、それぞれの製品に特徴があるのはそのような理由によるものなのだ。

こういったプロセスを経たことによって、同社のスーパードライは看板商品となった。もちろん、その後もさまざまな施策がとられているが、発売から30年を超えても主力商品たり得るのは、まさにCIの典型的な成功例であるからだ。結果、同社はビール業界でトップの地位を得た。当時、ガリバーとまでいわれたキリンビールすら凌駕している。単純なことではあるが、ポジショニングとアイデンティティの確立が、企業にとっていかに大切であるかということを示した事例といえよう。

　このように文章にしてしまうと、ＣＩはそれほど難しいものではないように思える。しかし、前述のように現状の問題点には気づいても、それを変えようとする動きにはなかなかならないものである。それでは、なぜアサヒビールはそれをなし得たのか。理由は危機感である。前にも触れたとおり、ＣＩ前の同社はビール業界３位の地位すら危うい状況にあった。ＣＩの立役者である社長の樋口廣太郎氏やその一代前の社長は、銀行から債権回収のために送り込まれた人物であった。実はこの頃、同社は身売りも模索していたというぐらい危機的状況にあったのだ。

　ＣＩ成功の重要なキーポイントとして、社内の「統一感」「一体感」があるといわれている。これは当たり前のことであるが、ＣＩは一種の改革であるからその必要性や、成し遂げようとする強い意志が企業内に醸成されていなければならない。しかし、業績が好調な時には、なかなかそういった空気が生まれないのである。アサヒビールは企業存続に直結する危機感が社内にあったため、トップを中心にＣＩを進めようという「一体感」が生まれたわけだ。

　前述のとおり、好調な中でもいくつかの悪い予兆は出てきており、それは現場がいち早く感じているものだ。しかし、それが企業全体の危機感にはつながっておらず、あまり企業内で共有されることはない。好調な業績が頭打ちになってきたとしても、多くの企業ではそこで改革しようという声はあがってこない。そして業績が下がり始めた時、初めてこの状態が良くないと認識する。この段階でやっと企業内の危機感が共有され、改善へと動き出すのだ。それでも、体力のある企業や支援者がいる企業であれば、一時的に大きく業績が下がっても、再度浮上させることができる。アサヒビールはまさにその一例といえよう。しかし、そうではない企業は倒産の道を歩むことになる。

トヨタ自動車が採用している「カイゼン」は、こういった問題に対処するためにも大いに参考にすることができる。言葉にすると簡単だが、要するに好調な時に現場が感じている問題点を汲み取り、いち早く対策を打てばよいのである。そうすれば、業績を落とすことなく飛躍できるようになるので、企業はその利益追求と永続性維持を確保できるのである。

そのためには、人事制度・評価制度を改める必要がある。バブル経済期以前は実施する施策が直ちに業績につながることも多かったため、年功序列を維持することが可能であった。もちろん、この考え方を完全に否定するものではない。年功序列とは、年齢が高い従業員や在籍年数が長い従業員は、それだけ経験が豊富（＝スキルが高い）であるから、そのことが企業に貢献しているという考え方だ。ただ、バブル崩壊以降は不況期が長く続いて業績が低迷したため、企業への貢献度は業績（結果）に比例するという考え方が支配的になり、業績至上主義の評価制度が蔓延《まんえん》した。これは、ある意味年功序列よりも性質が悪い。

業績に対応する評価制度の最も悪い点は、営利企業として合理的な制度に思える点だ。しかし、企業が組織である以上、そこに生まれる結果は合力（総合力）によるものである。実際に販売を行った１人の成果ではない。それを考えずに、売上・販売結果のみを評価するのはナンセンスなのである。そのような暴挙が成り立つのであれば、従業員を全員自営業か請負業にしなければならないことになるだろう。

このように、人事・評価制度は組織の根幹を支える重要なものだ。好調な時にあらわれている問題を明らかにするのであれば、それを行うための仕組みを制度内に組み込む必要がある。トヨタ自動車は「カイゼン」を実行するために、そういった内在する問題を見つけ出し、報告することを業務として規定しているのだ。言い替えれば、問題を見つけることやその報告を仕事の一つとして、評価の対象にしているということだ。仮に素晴らしい利益をもたらす仕事をしていたとしても、日常業務における問題点を指摘できなければあまり評価されないということである。

トヨタ自動車のように、強く組織内の規定を徹底し定着させることは簡単ではないが、問題を放置して業績低迷に陥ることを考えれば、マネージャーがそうした職場環境を整えるのは大切なことだ。業績の低迷には必ず原因がある。それをできるだけ早く発見し、取り除くことが業績維持には不可欠だ。逆に、好調の原因をつくるようにすれば、自ずと良い結果を得られるようになるのである。

●日産自動車

日産自動車は日本を代表する自動車メーカーの一つで、特に技術に高い評価がある会社だ。生産される自動車はさまざまなターゲットを対象として、幅広いラインナップを誇っている。ただ、話題性があって注目を浴びる車種はスポーティなタイプが多い。その代表格がGT−Rであろう。ほかにも、フェアレディZ・スカイラインなど、根強いファンを持つ走行性能を重視した製品が多くみられる。国内シェアはトヨタ自動車に次ぐ規模を持ち、販売網は全国にあまねく整備されている。いわゆる大手企業であり、業績に不安があるとは思えなかった。

しかし、バブル経済が崩壊して業績を牽引していた高級車の売上が減少し、経営状況は一挙に悪化していった。最終的には債務超過にまで陥り、ルノーの支援を得て再建することになる。この時、指揮を執ったのがゴーン氏だ。単純な言い方をすれば、業績が低迷した時に行うべきことは二つしかない。一つは売上を増やすことで、もう一つはコストを下げることだ。これにより利益が拡大すれば、業績は回復する。

ゴーン氏は「コストカッター」と異名をとるだけあって、特に後者に注力をした。同社は、人でいえば大量出血をしている瀕死の重傷といった状態であるから、輸血（売上の増加）よりも止血（コストカット）の方が直接的な効果が出る。とにかく止血をして、体力を回復させながら輸血を行わなければ、健康体に戻すことは難しいのだ。彼の判断は、至極妥当なものであったといえる。

同社の改革は短期間で行わなければならないほど、状況が逼迫《ひっぱく》していたといえる。そのため、コストカットの方法も苛烈を極めた。例えば、サプライヤーに対して提示する納入価格は極めて厳しいものになり、それに対する答えは「YES or NO」であったという。交渉・妥協といった日本的な取引は行われず、いわゆるAll or Nothingということである。それまでの同社であれば、さまざまないきさつ・しがらみから行えなかった厳しい交渉を、ルノーからきた同氏は完璧にやり遂げた。結果、同社の業績はV字回復に至ったのである。

これにより、同社は経営危機から脱することができた。そういった意味で、同氏の戦略は正しかったということであろう。しかし、V字回復がW回復になるなど、その後も同社の業績はなかなか安定しない。その理由はさまざまにいわれているが、同社のマーケティング力に原因を求める声も少なくない。実際、ハイブリッド

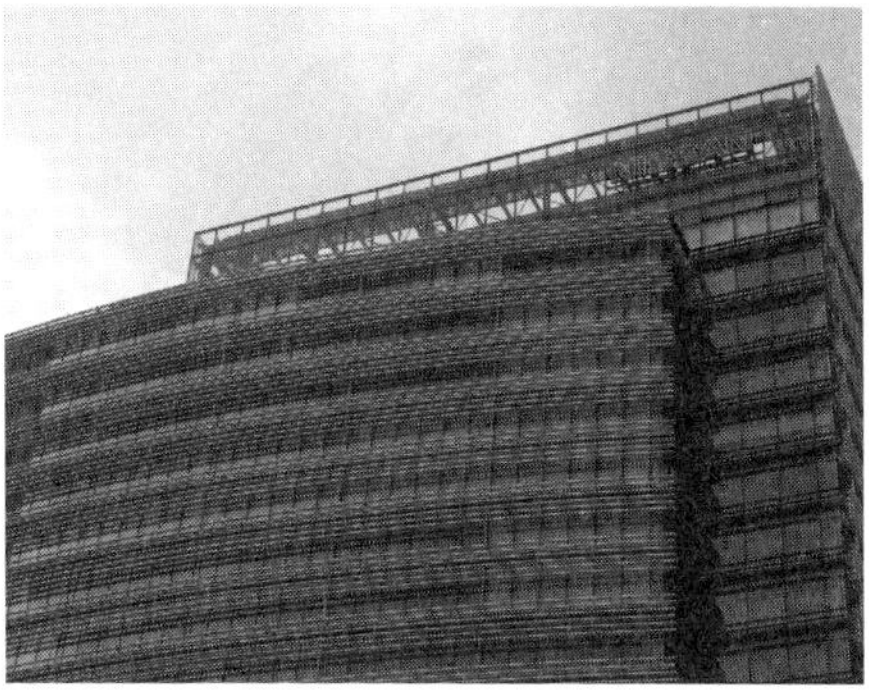

日産本社

車ではライバル社に大きく後れをとっているし、近年は新車が少なく話題になるクルマも多くはない。電気自動車としてリーフが注目されている程度だ。ゴーン氏の経営手法や、ルノー（フランス政府）の方針に対する反発もあって、同社は同氏と決別をした。しかし、その後の業績も好調とは言い難い。

現在の状況が同社にとってどのような意味があるのかということはさておき、バブル経済崩壊後の経営危機にあった同社を救う方法として、ゴーン氏の経営戦略は唯一絶対のものではないにせよ、結果からみれば前述のように間違っていたわけではないといえる。しかし、戦術段階では必ずしも正しかったとはいえない部分がある。それは、All or Nothing の交渉である。同社はルノーの支援を受けたこともあって、グローバルな展開を一挙に進めることになった。すなわち、国内サプライヤーが条件に合わなければ、海外にその活路を見出せばよくなったということだ。

トヨタ自動車の場合、このあたりの考え方が少し異なっている。彼らはサプライヤーに価格交渉をする時、どのようにしてコストを下げるのかという提案まで行う。要するに、資本関係のない独立した企業に対して、原材料調達・製造技術・人員配置といった細かな提案を行い、実際にコストダウンするためのノウハウを提供するわけだ。独立した企業として、まるで子会社に対するような指導をどのように受け止めるかは個々に違いがある。受け入れられるところは取引を継続し、そうでないところは別の道を歩むことになる。All or Nothing ときめ細かな提案方式と、どちらが正しいというものではない。メリット・デメリットはどちらにも存在する。しかし、重要なのはステークホルダーに対する考え方だ。

これまでにも述べたが、かつてＷＩＮ／ＷＩＮという言葉が小売業界などでよく使われていた。販売者とユーザーの間で取引が成立した時、販売者は商品が売れて収益が上がるのでＷＩＮ、ユーザーは良いものが適正価格で入手できたのでＷＩＮということである。要するに、販売者・ユーザーともに利益を得られるような商売であるべきだということだ。しかし、この考え方には大きな欠陥がある。ＷＩＮ／ＷＩＮが成立しても、そのためにメーカー・仕入れ業者・運送業者などの中にＬＯＳＥが発生していれば、いずれそこからＷＩＮ／ＷＩＮの関係は崩壊する。Amazon と運送業者の関係などは、最もわかりやすい事象といえよう。

ステークホルダーとは利害関係者のことだが、広い意味では企業にかかわるすべての人と捉えることができる。経営者・従業員といった企業内部のものはもちろん、その家族・株主・銀行・仕入れ先・運送会社・地域社会・ユーザーなど、その対象となる人は数多い。もちろん、彼らすべてを満足させるということは不可能であるかもしれないが、常にその方向性を持って、事業活動はなされるべきなのである。

ゴーン氏の経営戦略には、必ずしもステークホルダーをないがしろにする意図はなかっただろう。しかし、戦術レベルでは必ずしもそうとはいえない。企業再生が至上命題であったとしても、ほかの犠牲のうえにそれを成り立たせるのは、まさに砂上の楼閣といえる。今、再び難しい舵取りを迫られている同社がこのことに気づいているか否かによって、この先の経営が安定するかどうかがかかっているといっても過言ではないだろう。

●コンビニエンスストア

飛ぶ鳥を落とす勢いで、拡大してきたコンビニエンスストア。セブン-イレブン（約2万店）・ファミリーマート（約1万6000店）・ローソン（約1万4000店）のBig3が、その歴史の中で多くの中堅・中小規模チェーンを吸収合併し、今では三国時代の様相を呈している。続くミニストップ・デイリーヤマザキ・セイコーマートは、それぞれ1000～2000店規模なので、とてもライバル関係といえるものではない。むしろ、ニッチを狙った別事業と捉える方が正しいだろう。

本来、小売業は業種・業態で分類をされる。それは今でも変わっていないが、コンビニエンスストアはその区分では分類しきれない部分がある。業種にあたる「販売しているもの」は飲食料品・

日用品・衣料品・電気製品・雑貨・雑誌などで、食品スーパーの縮小版といった感じだ。価格が安いわけではない。特に２０１０年代中盤頃までは、定価販売されている商品も珍しくなかった。すなわち、業態である「売り方」はディスカウントやセルフ方式ではなく、通常の商店に近いところも多いということだといえよう。業種・業態でみる限り、それほど目新しいものではない。

それなのに、ユーザーに受け入れられた理由は「利便性」だ。「いつでも開いている（24時間営業）」「必要最低限のものが揃っている」「どこにでもある」といったことが、ユーザーの持っていた潜在ニーズに合致したのである。これは、それぞれ別々に売られていた商品を一か所で買えるようにした、ワンストップショッピング以来の発明だといっても過言ではないだろう。

コンビニエンスストアを運営する事業者はこのことをよく理解しており、「利便性」をキーワードとしたサービスを次々に開発した。ＡＴＭ・公共料金などの支払い・宅配便受付など、生活に必要なあらゆる機能が店舗内に凝縮されたのである。またデリカテッセンも充実しており、それが食事やおやつなどを手軽かつ安価にすませたいというニーズにも合

コンビニ Big3（セブン－イレブン）

致した。要するに、コンビニエンスストアは地域のインフラともいえる地位を獲得したわけだ。

もちろん、試行錯誤がなかったわけではない。大成功を収めたコーヒー販売とは逆に、ドーナッツ販売は苦戦を強いられたという過去がある。既存の需要からパイを奪うのではなく、潜在的な需要の掘り起こしに成功したコーヒー販売に対して、大きくない市場の中でシェア拡大を狙うことになったドーナッツは、結果的にうまくいかなかった。これは、明らかにマーケティングの読み違いによるものと考えられる。

とはいえ、コンビニエンスストアがこれだけ大きな影響力を持つ存在になった理由は、前述の「利便性」によるユーザーニーズとの合致だけではない。もう一つの大きな要素は、短期間で急拡大したことだ。これには、フランチャイズ制度が大きく貢献している。この制度は独立事業者（個人事業者を含む）と契約して、彼らに店舗を開設・運営させるものだ。店舗ブランドを開発・運営している企業をフランチャイザー、加盟する事業者をフランチャイジーと呼ぶ。

フランチャイジーは、フランチャイザーから店舗のブランド・運営ノウハウの提供を受けて事業

コンビニ Big3
（ファミリーマート）

を行い、ロイヤリティーを支払うという仕組みだ。フランチャイジーが土地・建物・従業員雇用などといった、店舗開設・運営の実務・資金などを提供する。要するに、フランチャイザーは自ら資金投入をしなくても、看板を増加させることが可能になるのである。しかし、このシステムには看過できないデメリットがある。それは、情報伝達や方針徹底の速度が遅いことだ。基本的に両者は取引関係にあるため、対等な関係性を持つことになる。ゆえに、何かを進める際には命令・実行というプロセスではなく、説明・納得・実行という手順を踏む。このやり方が、グローバル化やＩＴ化が進んだ現代のスピード感についていけないのである。

ところが、コンビニエンスストアのチェーン店はこれに対応してきた。理由は、力関係である。フランチャイザーとフランチャイジーの力関係は、通常ノウハウを持つフランチャイザーの方が強い。しかし、フランチャイジーも相当規模の企業であれば、ある程度対抗する力を持っている。コンビニエンスストアのフランチャイジーは多くが脱サラの個人事業者であるために、その力関係は歴然としている。ゆえに、フランチャイザーはその方

コンビニ Big3（ローソン）

針を短時間で徹底できるのだ。

現在、少子高齢化に端を発した人手不足が、深刻な状況になってきている。「利便性」を追求したコンビニエンスストアのオペレーションは複雑化し、労働者に敬遠されがちだ。24時間営業を支える深夜の労働力確保はさらに厳しい。結果、時給を上げることになって人件費が高騰する。それは、フランチャイジーの収益悪化につながる。コンビニエンスストアは、地域に必要不可欠なインフラといえるところまで成長した。この「利便性」は当面揺らぐことはないと思われる。しかし、運営実務を担うフランチャイジーの疲弊という根本的な部分で、大きな問題を抱えることになってしまった。その解決には、フランチャイジーが十分な利益を得られるような抜本的改革を行うか、フランチャイズ制度を廃止して直営化するといったことしかないのかもしれない。

「利便性」ということであれば、ドン・キホーテもその典型である。しかも、同社がすごいのは二毛作制を取り入れていることだ。すなわち、昼の顔と夜の顔である。同社の店舗はバラエティショップ・ディスカウントストアというカテゴリーに入る。扱い品目は非常に多いが、これはコンビニエンスストアの延長線上にある品揃えである。すなわち、飲食料品・日用品・衣料品・電気製品・雑貨などで、コンビニエンスストアと違うのは、雑誌がなくて玩具があるといったところであろうか。また、高級ブランド雑貨や時計のほか、大人のおもちゃなども置いている。

営業時間は24時間営業の店舗もあるが、多くは午前９〜11時ぐらいに開店し、深夜の３〜５時ぐらいに閉店する。業態がセルフ方式であるため、百貨店のような丁寧《ていねい》な接客を好むユーザー層は対象外になる。取扱品目は幅広いが、飲食料品がメインではないために食品スーパーのような使われ方もしない。しかし、昼のユーザー層は総じてファミリー層などが多く、総合スーパーやコンビニエンスストアと大差がない。

夜のユーザーは少し毛色が違う。独身の若年〜中年層が中心になり、カップルやグループも多い。深夜に活動する人たちが、中心ターゲットなのである。「激安の殿堂」と謳って、ディスカウント性を強調しており、実際にユーザーの間でもそういったイメージが強い。さらに、陳列が個性的で雑多な感じが強く、「たくさん商品がある」「商品を探す」「商品を見つける」といった、買い物を楽しむ演出が好評だ。

二毛作制といっても、時間でユーザーが入れ替わるわけではない。むしろ、品揃えと営業時間の関係で自然に二毛作化したと考えられる。同社が持つ危険性は、コンビニエンスストアとはまったく異質のものだ。コンビニエンスストアの場合、綿密な戦略のうえに成立しているが、そこにほころびがあらわれているためリスクが発生してきた。しかし同社の場合、営業を通じてノウハウが蓄積・拡大してきているため、一度オペレーションを整理する必要が出てきていると考えられる。

特に「激安の殿堂」というキャッチは、すでに維持することが難しい状態にあるといえよう。実際に、同社の商品は廉価ではあるが底値ではない。底値はスーパー玉出のように中堅・中小企業だから可能なことも多く、大手企業のコストカットには限界がある。仮に仕入れは他社よりも安くすることができたとしても経費は莫大にかかる。そのような中「安さ」を演出するには、かなり綿密なマーケティングが必要になる。安く仕入れたものを安く売るのではなく、ユーザーが安いと感じる商品を見極めてそれを地域最安値にすると同時に、利益を確保できる商品を開発しなければならないということだ。現在は「利便性」の追求がユーザーのニーズに合致しているが、これは他社が追随できないものではない。次の一手が出なければ、同社の成長には黄色信号がともることになりかねないといえよう。

●イオン

「イオン」のイメージは、単立のGMS（総合スーパー）とショッピングモールに大別できる。GMSの盛衰は、ダイエーの命運がそれをあらわす代表的な事象といえよう。元来、小売業はメーカーや生産者のカテゴリーに沿って存在をしていた。例えば、電機メーカーの販売先として電気店、漁業でとれた魚の販売先として鮮魚店があるようなものだ。それらがユーザーの利便性を考慮して立地を選ぶようになり、それらが集合して成立したのが商店街である。

商店街は単純に商店の集合体で、それらのとりまとめとして組合が存在する。そこにはショッピングモールのような、デベロッパー的な役割はない。ゆえに、商店街には秩序を守るルールは存在しても、売り方などの商売の方法は基本的に個々の店舗が自由に選んでいた。そこに登場したのが、スーパーマーケットだ。今でいう食品スーパーだが、その代表格が「主婦の店・大栄（後のダイエー）」である。

スーパーマーケットは、ワンストップショッピングと廉価が特徴であった。一か所で買い物が済んでしかも安いのだから、ユーザーの支持を得たのも頷ける。

これ以前に存在した百貨店は、同様にワンストップショッピングだが価格は正札である。決定的な相違は「ハレ（非日常）」の買い物をする場所（現在は一概にそうはいえないが）であったことだ。ゆえに、「ケ（日常）」の買い物をする商店街とは競合しない。スーパーマーケットは「ケ」の買い物をする場所であるため、商店街から目の敵にされたのだ。このスーパーマーケットが日用品・家電品・玩具・文具など、幅広い品揃えをして大型化したのがＧＭＳである。

売り場面積を広げて多くの品揃えをすれば、幅広いユーザーを獲得することができる。これが、バブル経済期以前のセオリーだった。ＧＭＳはそれを忠実に実現して、多くの支持を集めることに成功した。ダイエーはさらに大きなメガバンドールという新たなブランドを立ち上げ、旗艦店と位置付けるほどであった。ところが、バブル経済が崩壊すると同時にユーザーニーズの多様化が進んだ。商店街と競合する大きな店舗の出店を規制していた大店法が撤廃され、盛んに出店されていたＧＭＳに陰りがみえ始めたのはこの頃だ。

実は、大店法廃止で恩恵を受けたのはＧＭＳばかりではない。バブル経済期に頭角をあらわしてきた各業種の専門店が、これによって大型化を開始したのである。紳士服専門店・カジュアルウエア専門店・家電専門店・釣具店・玩具専門店・カー用品専門店など、数え挙げればきりがない。彼らの各店舗はＧＭＳほど大きくはないものの、その分野における価格や品揃えはＧＭＳを凌駕した。当然、専門知識も非常に高度なものである。結果、ＧＭＳは「たくさんの商品があるけれども、欲しいものは一つもない」というような店舗になってしまったのだ。

このことにＧＭＳも気づいていたはずだが、すでに完成しているオペレーションの変更が難しかったことや、店舗の賃貸契約上の問題に加え、次の有効な一手（大型専門店に対抗する手段）を見出せなかったことが、ダイエーのような悲劇を招いたのであろう。イトーヨーカ堂グループがセブン＆アイホールディングスへと組織体制を変更したのも、ＧＭＳが基幹事業ではなくなったということの証左である。イオンはジャスコブランドから出発し、多くのローカルチェーンやナショナルチェーンを合併して今日に至っている。単立のＧＭＳはご多分に漏れず厳しい状況下にあるが、食品スーパーに近い業態にして地元密着型の経営をすることで、成り立っている店舗も多くある。

　成否の差が大きいのは、ショッピングモールである。実は、ショッピングモールこそがＧＭＳ運営企業の次の一手であったのだ。すでに、ダイエーがショッピングセンターを各所に開設してそれが好調であったことから、大型化・多様化を模索してショッピングモールが形づくられていったと考えられる。アウトレットモールに代表されるように、不動産会社がデベロッパーになり、同時に地域開発を進める例も多くみられる。これは、すでにある需要を獲得しようというのではなく、地域の活性化を行って新たな需要を掘り起こそうという試みだ。

　イオンのＧＭＳが入居するショッピングモールの多くがまさにそれで、市街化調整地域や農地転用などの特例も駆使し、それまでなかったところに大きなマーケットを築き上げている。

前途多難なイオン

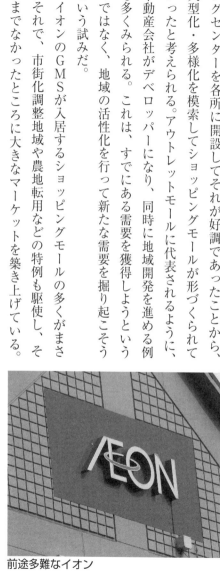

新たに建設されるショッピングモールには、道路・バス路線なども同時に設置し、周辺地域から集客するためのインフラを整備した。まさに、一つの街をつくり上げるほどの規模を持っていたのである。

ただ、この方法は多大な投資と非常に長い回収期間を必要とする。つまり、不調になったからといってすぐには撤退できない。計画時のマーケット調査に大きな誤りがあれば別だが、多くの場合、当初は好調に推移する。特にイオンは、地方都市では独り勝ちの状態であったといえよう。しかし、マーケットが確立してくると競合が進出する例も少なくない。特に、新たに政令指定都市になったような成長している地域は、非常に有望なマーケットと考えられる。イオンが苦労して開拓し、新たに生み出したマーケットで、自分たちも商売をしようと考える小売業者は少なくないのだ。

限られたパイの中で競合店が進出すれば、それまで人気のあったショッピングモールも運営は厳しくなる。GMSで差別化できなくなった現状では、ショッピングモールに魅力ある専門店を誘致できるか否かがカギだといえる。また、フードコートなどの飲食店についても、リーズナブルかつほかでは味わえないような店舗を探してこなければならない。かつてのような、ありきたりのファストフードではユーザーが満足しないのだ。

このように、ショッピングモールも競争が激化している。イオンがこれまでのノウハウを駆使し、競合他社との差別化に成功するか否かがカギとなるのであろう。

●ペッパーフードサービス

同社は、ペッパーライスを提供する「ペッパーランチ」で急成長した。リーズナブルに牛肉を食べられるというお得感と、万人受けのする味付けが魅力である。外食産業において牛肉を主体としたレストランは数多くあるが、素材による味を追求すれば必然的に高額設定にならざるを得ない。牛丼やリーズナブルなステーキハウスでは、肉の加工法・味付けにノウハウが必要で、「ペッパーランチ」はそれをクリアしたことでユーザーの支持を得ていたわけだ。

ただ、牛肉系レストランの場合は、ほかの外食産業に比べて来店頻度が高くないという傾向がある。牛丼店が牛丼以外のメニュー開発に力を入れているのは、そういった理由からだと考えられる。これに対して牛肉系レストランはサイドメニューの充実などを行って、単価アップをすることで対応しているところが多い。「ペッパーランチ」はそのいずれでもないため、ほかの外食産業のような勢いで拡大していくのは厳しい状況にあるといえる。

そんな同社をさらに飛躍させたのは、「いきなり！ステーキ」だ。これは、まさに発想の勝利ともいえるステーキのファストフードである。本来、ステーキは高級品だ。それを立ち食いスタイルにして、リーズナブルに食べられるようにしたのである。ステーキセットにありがちな、スープ・サラダ・ライスなどが基本メニューにはなく、まさにいきなりステーキから食べることができる。さらに、価格設定もユニークであった。グラム単位で価格が表示され、それに注文量（200グラム・300グラムなど、部位によって最低注文単位が違う）をかけることによって値段が決まるのだ。

スタイルやリーズナブルさが評判となって、破竹の勢いで店舗数を伸ばしている。ただ、この業態にも不安がないわけではない。「ペッパーランチ」は肉料理であるが、使用されているのは薄切り肉で相当の味がついているために、ステーキのように素材を楽しむ食べ物ではない。牛丼と同様に、ユーザーは完成した一つの料理として価格を評価する。

しかし、ステーキの場合は価格に対する評価が分かれるのだ。まず、料理としての絶対的な価格である。昼食ならワンコインが安いという基準になるように、ステーキか否かということではなく、食事としての価格が日常的なものなのか、たまにしか食べられないものなのかということだ。一方、ステーキとして考える場合は、素材（和牛・国産牛・輸入肉など）の価値との比較であろう。このような観点からすると、「いきなり！ステーキ」の価格帯は食事としてはやや高級であるが、ステーキとしてはリーズナブルだということになる。

ここで問題なのは、元来、絶対基準として安いわけではない価格を、原材料・人件費などの高騰が理由で値上げをしたことである。ユーザーはグラム当たりいくらかということにも惹かれるけれども、最終的な印象は支払った金額で決定する。それは必ずしも安いというイメージではない。結果的に、ほかのステーキレストラン同様に来店頻度はそれほど高くはならないと考えられよう。コストを抑えてリーズナブルに提供しているのに、ユーザーの来店頻度が上がらなければ、絶対客数の確保が必要になってくる。消費者ニーズが多様化し、外食産業もそれに応じてさまざまな業種が出てきている中、新たにユーザーを獲得するというのは至難なのではないだろうか。

「いきなり！ステーキ」はフランチャイズ展開を行っているが、このようにオペレーションに変更の余地がある間は、やや時期尚早といえるのかもしれない。もし、抜本的な改変が発生した時、間違いなくフランチャイズ制度は足かせになる。目先の利益を軽視する必要はないが、もう少し長い目で事業展開を図ることが大切なのではないだろうか。

●ポータルサイト

かつて、小売業などエンドユーザーを対象にしている事業者は、基本的に物理的な商圏範囲で商売をしていた。なぜなら、ユーザーは商品やサービスを購入するために彼らが構える店舗に出向かなければならなかったからだ。中には、雑誌・新聞・テレビ・カタログなどといった媒体を通じて販売する通信販売もあったが、その事業者数が多くないこともあって、それぞれが独自に営業展開をしていたのである。

ところが、インターネットの普及によって通信販売の参入障壁が極端に下がった。コンピュータ、あるいはスマートフォンとインターネット環境があれば、個人でも通信販売ができるようになったのである。結果的に、宿泊業・旅行業・飲食業・中古車販売業・個人向け不動産業・葬祭業などを中心に、ポータルサイトが台頭するようになってきた。彼らはあくまで検索サイトであって、自身が通信販売事業を営んでいるわけではない。いわば、インターネットを介した紹介業ということである。

ここに挙げたようなポータルサイトが盛んな業種は、基本的に販売促進活動が容易ではない。加えて、マーケティングが得意ではないところも多い。また業種によっては、物理的商圏で事業を行っていれば商売が成り立っていたのだから、あえて広範囲な集客を必要としなかったということもあるのかもしれない。しかし、これまで述べてきたようにユーザーのニーズが多様化した。従前の商圏では、商売が成り立ちにくくなっている。とはいえ、新たな商圏にアプローチする術がない。ポータルサイトは、まさに時代の申し子といえるのではないだろうか。

旅行業・宿泊業にはもともと旅行代理店が存在し、旅館やホテルに代わって集客を担っていた。しかし、ポータルサイトによって彼らの事業が立ち行かなくなったかというと、必ずしもそうではない。なぜならば、彼らは絶対的な強みを持っているからだ。それは、企画力である。魅力あるツアー企画をいくつも揃えて、ユーザーのニーズに応えているのだ。さらに、営業力によって団体客にも強みがある。これは、旅館・ホテルにとって無視しがたいものだ。

このことからもわかるように、ポータルサイトは営業を行うといった能動的な運営方法ではなく、基本的にはユーザーが何らかの理由で検索をすることによって成り立っている。ゆえに、旅行代理店が送客数に比して報酬を得るのに対して、ポータルサイトは掲載手数料や広告料が主な収益だ。旅館やホテルも今はポータルサイトに頼っているところも多いが、自社サイト予約比率を上げるための努力をしているところが増えている。中には、すでにポータルサイトから撤退したリゾートホテルグループもあるぐらいだ。

さらに大きな問題は、「口コミ」である。ポータルサイトの多くは「口コミ」を記入する場所があり、それがほかのユーザーに購買決定判断の情報として重宝されているのだ。確かに「口コミ」はユーザーの生の声ではあるが、その多くに強いバイアスがかかっている。投稿はあくまで主観にすぎず、どのような背景があるかということまではわからない。ある程度参考にはなるが、書かれているとおりであるとは言い難い。近年はクレーマーがこういった機能を悪用する例や、ステルスマーケティングのような書き込みが散見されることもあって、閲覧者も無条件に信じなくなってきている。本来であれば、ポータルサイトの運営者がチェックするべきものだといえよう。

ポータルサイトはユーザーへの情報の提供ということが出発点だ。しかし、現在は利益追求が先行し、やや秩序に欠ける部分が目立つ。ニュースサイトなどの情報まとめサイトが、次々に廃止に追い込まれたのも背景にはこうした問題があるからだ。一度原点に返ってオペレーションのあるべき姿を明確にし、それに沿った運営を行う努力が必要だといえよう。さらに、能動的な特徴ある営業を行うことで、ユーザーはもちろんのことクライアントなどのステークホルダーすべてが、WIN／WIN／WINになるように変わっていかなければ、いずれ衰退することが目にみえている。

第7章

客数・客単価・適正価格とリスクマネジメント

●価格改定の罠

居酒屋「鳥貴族」は、まさに飛ぶ鳥を落とす勢いで成長した。最も大きな魅力は、「商品一律280円」というリーズナブルさだ。ところが、2017年10月にこの価格を「298円」に値上げした。これをきっかけに失速したといわれており、2019年7月期の決算は赤字になった。この値上げは、たった18円という小規模なものだ。税込み表示にすると、300円を超えるというイメージ的な問題を指摘する声もあるが、それは値上げ前でも同じことである。そもそも、同社の平均客単価は2100円あまりであって、支払段階ではあまり関係がないと考えられよう。

それでは、何が問題なのか。その答えを自社競合だとする意見もある。確かに、チェーン展開をしている小売業には、一定の店舗数を超えることが難しいといわれている。一般的に、新規出店の際には店舗ごとに商圏を距離や人口などで設定しており、その大きさにもよるが一定量に達すれば、飽和するのは当然のことである。よく、その数は500店舗であるとか600店舗であるなどといわれているが、それはあくまで経験則にすぎず、すべてのチェーン店舗に当てはまるわけではない。例えば、店舗規模が大きいところや想定商圏範囲が広いところは、出店できるエリアに限りがあるためにその数は少なくなるであろうし、逆に小規模であれば多くなる。

例えば、コンビニエンスストアはトップのセブン－イレブンは、2万1000店を突破してさらに増加傾向にあり、まるで天井知らずの勢いだ。もっとも、同業界ではすでに自社競合を引き起こしているものの、それでもいまだに空白地や出店密度の薄い地域も多く、フランチャイザーが戦略的に拡大を続けていることが大きいとする意見もある。要するに、業種業態ごとにさまざまな要因で違いがあるということだ。鳥貴族の場合、値上げの時期と出店の頭打ちのタイミングが、一致したと考えるのが妥当なのではないだろうか。

多店舗展開による飽和は、消費者ニーズの多様化に合わせて、対象マーケットを絞っていれば比較的早く訪れる問題だ。多くの企業の場合、まず地元周辺から事業を開始して全国に展開させていく。そして、さらなる躍進を目指して海外に進出する例が多い。鳥貴族も同様だ。ゆえに、飽和による頭打ちは長期計画に組み込むべき問題で、その対策は別ブランドによる業種・業態の多様化ということになる。ゆえに、それほど騒ぐ問題ではないといえよう。むしろ、客数や客単価が下がってくることに注意を払い、新

低価格と均一料金の鳥貴族

事業・新業態を立ち上げるタイミングを慎重に見極めることの方が大切なのだ。

バブル経済期以前の小売業では、売上がすべての指標であった。売上が前年対比を超えることは至上命題であり、それが事業拡大に直結していた。なぜなら、売上が上昇することで利益は後からついてきたからである。要するに、売上を上げるために少々経費を使ったとしても、必ずそれを上回る利益が上げられるという時代であったということだ。少々利益率が下がったとしても、利益総額が上がれば企業は成長できる。そういった考え方が、大勢を占めていたのである。

ただ、売上は「客数（来客頻度の要素を含む）×客単価」で構成されている。すなわち、冷静に考えればこのどちらかの要素を向上させることで、売上を増加させることができるのだ。実は「市場×市場占有率」でも売上は求められるので、このいずれかの要素を改善するという考え方もある。しかし、市場も市場占有率も正確な数値を求めるのは難しい。さらに、市場を大きくしても自社に還元される保証がないうえに、ライバルを利する危険性が発生しかねない。そもそも、市場を大きくするのは1社で行うことではなく、業界全体で取り組むべき課題だ。そのため、この式から戦略を考える企業はあまり多くないのである。

そこで、客数か客単価の改善を考えるのだが、「売上至上主義」は「多くのユーザーを獲得する」という、バブル経済期以前の考え方に基づいている。ゆえに、経験則が生きるマスマーケティングをベースにした、客数アップを優先する傾向が強くなってしまう。しかし、今ではテレビコマーシャルやチラシを使用しても、簡単に集客ができない。なぜならば、ユーザーニーズの多様化が進んだことにより、最大公約数的なアプローチではユーザーに響かないからだ。

そこで、最も万人受けをする「低価格」戦術に走ることになる。これには2種類の考え方があり、その一つが「相対的低価格」だ。すなわち、ほかの競合商品・サービスと比較し、ユーザーが「安い」と感じられる価格設定のことである。言い替えれば、対象商品・サービスが持つ世間相場と比較して、低価格設定にすることで安さを演出するといったものだ。

例えばラーメンの価格の場合、６５０円程度がその地域の相場であれば、３００円を切る価格で提供するなどといったやり方だ。第4章で述べた幸楽苑はその典型である。これなら確実にユーザーにアピールでき、売上・客数のアップに貢献することが多い。しかし、原材料価格の高騰などにより、その価格で提供できない事態が発生したり、ライバルが価格を合わせる戦術をとったりすると、その反動により業績が低迷する。原価削減に関する高度なノウハウが必要で、それが大きな特徴となるのだが、比較的早い時期に限界が訪れる。要するに、長く効果が持続する戦術ではないのだ。

さらに、商品価値を不必要に下げるという弊害もある。先のラーメンの場合、６５０円はもともとその地域におけるラーメンの価値だと考えられよう。もっとも、ユーザーがその値段をどのように感じていたかということは調査しなければわからないが、その価格で商売が成り立っていたのであれば、基本的に価値が認められたものだと解釈してもよい。しかし、ユーザーニーズは根本のところで「安さ」を求めている。新たに出店した店舗が、集客のために280円といった安い価格設定をするというのはよくあることだが、既存店がそれに対抗することによって不毛な価格競争に陥り、その地域で「ラーメンは280円」という相場を形成してしまう。これが行きすぎれば、共倒れの危険性すら出てくるのである。

かつて、牛丼チェーンの吉野家・すき家・松屋が、こぞって低価格を打ち出していた時期があった。それは2001年頃で、牛丼の並盛が280円・290円という破格値であった。同様に、100円均一の回転寿司でも一時期は「50円に値下げが可能」と、いわれていたことがある。飲食業は廃棄ロスを考えて、粗利《あらり》を高く設定するのが一般的だ。食材管理を徹底して廃棄ロスを減らせば、販売価格を抑えることが可能になる。すなわち、価格競争に陥りやすい体質があるということだ。しかし、食材価格はさまざまな要素によって変動することが多い。回転寿司が50円に踏み切らなかったのは、メイン食材となる水産資源の低価格・安定仕入れが将来的に難しいと考えたからだ。

これに対して、畜産による牛肉の供給には安定性がある。牛丼チェーンは不毛な価格競争に突入し、280円・290円といったギリギリの価格で消耗戦を繰り返し、3社とも疲弊していったわけだ。転機を迎えたのは、皮肉にも「業界最大の危機」といわれたBSE禍である。これによって、牛丼は販売停止に追い込まれた。しかし、問題が一段落して再開した時には、380円・390円といった価格になった。原材料である牛肉が、品薄状態で高騰していたからである。その後、再び価格競争に陥って270円・280円などの時期もあったが、深刻な人手不足など危機が再び到来し、現在ではいずれも300円台に落ち着いてきている。

確かに、ユーザーとしては安い方がありがたい。牛丼が1杯270円・280円であれば、それに越したことはない。しかし、牛丼にはコストがかかっており、企業も適正な利益を確保しなければならない。ユーザーもそのことは、基本的に理解をしているのだ。現場にしてみれば、近隣の競合店が低価格であれば、それに対応せざるを得ないという判断が働くのも無理はない。しかし、それに流されていたのでは、結果的に企業体力を消耗することになりかねないのだ。そこで、彼らは差別化によって店舗の魅力を向上させようと考えた。それが、新しいメニューの開発である。

同じようなものを同じように提供していたのでは、ユーザーから選ばれる店舗にならない。もちろん、一口に牛丼といってもそれぞれ味などには特徴がある。それに加えてメニューを充実させることで、さらにバリエーションを広げることができるようになるのだ。これによって牛丼以外のユーザーを取り込み、経営の安定を図ることが可能になる。ただ、オペレーションは複雑化するために、人材確保には手間をかける必要が出てくるだろう。これからのファストフード系外食産業の経営は、そういったことに対するバランス感覚が必要になってくるのではないだろうか。

また、低価格を強調するために「１９８０円（２０００円ではないことを示す）」とか、「１００円均一」などといった表現が使用されていることも多い。これにはユーザーにとって「わかりやすさ」というメリットがある半面、価格の根拠が希薄な「演出効果」という一面を否定できない。許容範囲なのかもしれないが、あまりフェアな手法とはいえないのではないだろうか。これは「激安」「破格」「○割引」といった表現も同様で、これらの安直な使用は、景品表示法に抵触しかねない。そもそも、こういった表示をしている店舗のすべてが、他店より安いのではないのだ。

「安い」という演出は、時に大きな失敗を招くことがある。鳥貴族の「メガハイボール」がそれを如実にあらわしている。飲食業で最も粗利《あらり》率が高いのは飲み物である。喫茶店のコーヒー原価率は10～20％程度だとされているし、ファミリーレストランのドリンクバーは、飲み放題でも利益が出ている。駅前立地の日高屋は「ちょい飲み」で成功をおさめ、郊外店に力を入れることによって、クルマによる来店が増えた幸楽苑は、それに失敗して苦戦を強いられた。また、マクドナルドなどのファストフードが、セットメニューにドリンクをつけるのは単価アップだけではなく、利益確保にも大きな狙いがある。このように、飲食業にとって飲み物は、利益を得るための強力な武器なのだ。

「メガハイボール」はその名のとおり、大きなハイボールである。大ジョッキが使用されているので、700〜800mlほど入っているのであろう。これで均一価格である税抜き298円であれば、ユーザーが満足することは間違いない。しかし、ハイボールをこれだけ摂取すれば、当然、その後の飲み物の注文をしなくなる。結果的に、利益率の高い商品の売上高が下がることになってしまうのだ。

前述のとおり、「低価格」戦術は不毛な戦いであるうえ、限界が意外と早くやってくる。すなわち、長続きする戦術ではないのだ。また「メガハイボール」にしても280円で提供することも不可能ではなく、そういったところが出現すると「298円均一」を謳う鳥貴族は、対抗することが難しくなる。「低価格」と「均一価格」は、自らの手足を縛るに等しい戦術といえるのだ。ゆえに、これらはノウハウを積み重ねて慎重に行わなければ、かえって収益悪化を招くことになりかねないのである。

低価格に関するもう一つの考え方は、「絶対的な低価格」である。これは、価格を類似品や競合他社の販売価格と比べるのではなく、その商品・サービス自体の価値と比較するというものだ。ユニクロなどに代表されるプライベートブランド（PB）でよく使われる手法だが、商品・サービスのコストを見直して販売価格を低く抑えるだけではなく、企業の利益も確保できるように設定するのである。すなわち、これは「低価格」というよりも「適正価格」というべきなのだ。

PBは原則的に、比較するものがない。類似のナショナルブランド（NB）は、有名な分だけ高価格になる。なぜならば、広告・宣伝費などのコストがかかっているからだ。ＰＢは商品自体のブランド力が低くても、販売する企業にブランドが成立していると有利になる。もし、それがなかったとしても地域に密着した商売をすることで、その信用や接客力がＰＢの信頼につながるのである。ユニクロの業績を長期的にみると多少の増減があるものの、一定の利益を確保しているのはこういった理由によるものだ。

ただ、ＰＢを展開するためには小売りをする企業が対象となる商品のすべてについて、企画・開発・製造を管理しなければならない。こういったシステムの構築は、中堅・中小規模事業者にとって簡単ではないだろう。そこで、製造企業と部分的に提携して仕様を変更したり、日本に進出していない海外の製造元・卸問屋などから直接買い付けたりし、事実上のオリジナル商品を開拓するのである。こういった方法により他店・他社との直接的な競合が少なくなり、価格競争に陥らなくてすむようになるのだ。

販売価格を決めるにあたり、よく行われるのが仕入れ価格に必要な粗利《あらり》額を乗せるというやり方だ。製造業であれば、原材料費・加工費などに、必要経費を加味して粗利率を決める。しかし、これではその価格で市場が受け入れるか否かはわからない。もし、販売価格が市場に受け入れられなければ、不良在庫を抱えることになる。結果として、在庫を処分するために値引きせざるを得なくなるのだ。この時、アウトレットのような別ルートを使えばよいが、多くは正規の販売ルート上で値引きをしてしまう。アウトレットでも、近年では正規品を安く売ることが多くあるようで、製品・商品価値を下げているといわれているような状況がある。

本来、売価決定は市場価格を知ることから始めなければならない。販売する商品に対して、ユーザーがいくらぐらいの価値を見出してくれるのかといったことを把握していなければ、売れる価格を設定できる道理がない。仮に、市場のニーズが存在したとしても、それは費用対効果が合致してこそ、販売につながるのである。中には、携帯電話・スマートホンやカーナビゲーションのように必需性が強く、数十年かけて徐々に浸透するものもある。そういった製品なら、はじめは市場が求める価格でなかったとしても、普及度合いに応じて相場が形成されていく。しかし、多くの製品・商品はそういったオンリーワンのものではなく、嗜好《しこう》性があって競合する代替品が多数存在する。ユーザーに選択されるためには、市場価格に敏感でなくてはならないのだ。

市場価格の調査は簡単ではない。もし、中堅・中小企業がそれをローコストで簡易に行うのであれば、アンケートやモニター制を利用するのが最良だ。従業員の家族・友人などに意見を聞くのもいいだろう。取引先や顧客に、確認してもかまわない。それらの意見を裏付け・補完するという意味で、一般ユーザーにアンケートをしたり、臨時に協力を求めたモニターの意見聴取をすることが大切なのだ。これらを集計・分析すると、おおよその市場価格がみえてくる。

さらに、その製品・商品の価格上限（商品・製品のイメージ的な価値を超える価格）と下限（それ以下だと不信感が先行する価格）もみえてくる。例えばラーメンの場合、調査によって相場が750円程度ということが判明した時、上限価格が1000円で下限価格が250円という結果が出るようなものだ。いくらラーメンが食べたいと思っても、普通の並盛ラーメンに1000円を出す人はほとんどおらず、250円を切ると原料・調理法などに不信感を持つ人が多くなるといったことだ。さらに、ユーザーの購買事情を考慮に入れることも重要だ。例えば企業城下町で、その企業の業績が好調ということがわかれば、ユーザーの支払い能力が高まっていると判

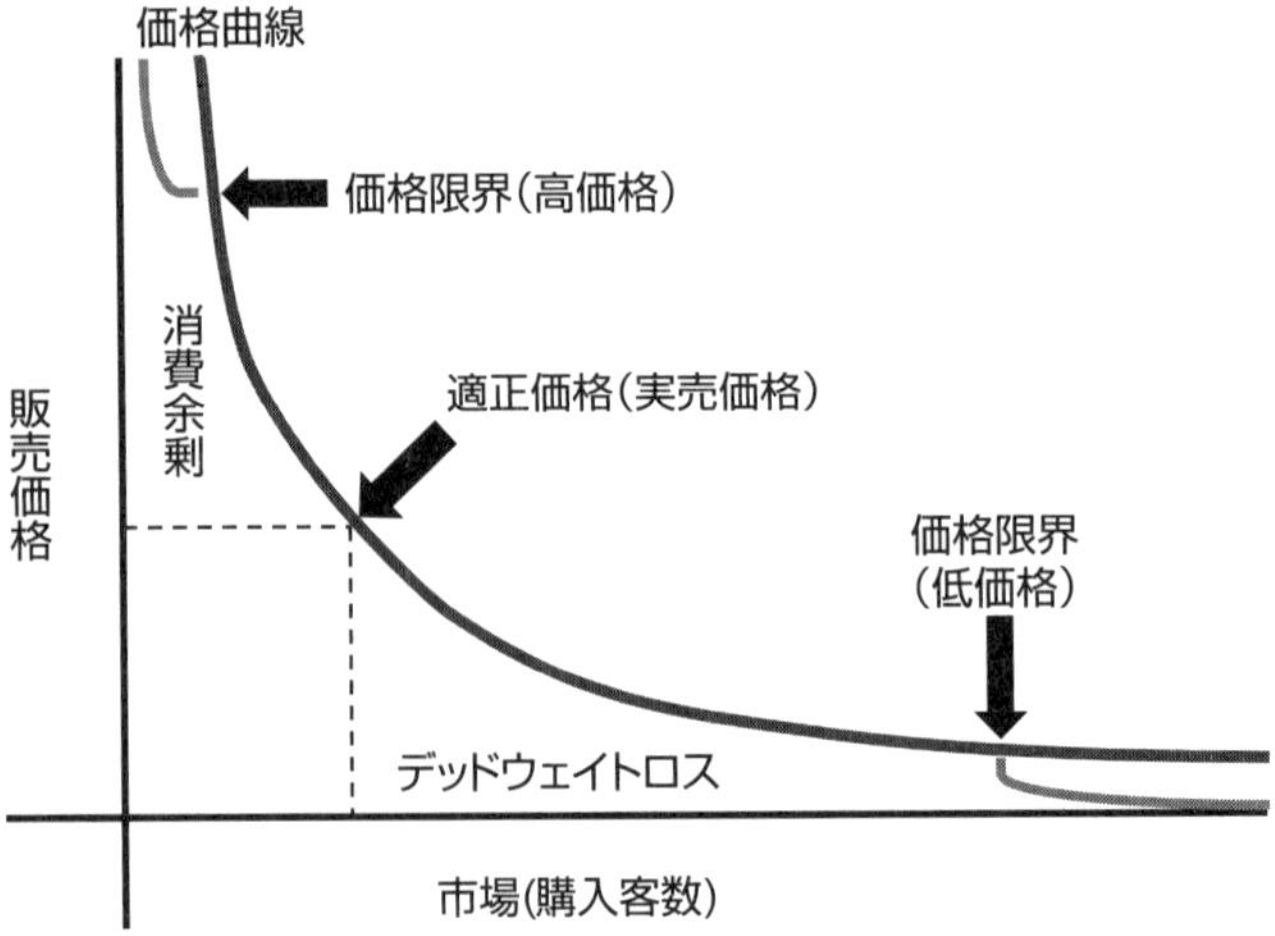

価格決定の考え方

断できる。このような時には、市場価格を若干上回った価格設定が可能になるのだ。ＢtoＢの取引であれば、取引内容や状況により、販売価格が変動するのは当然のことだが、ＢtoＣでもこの手法を取り入れるということである。

バブル経済が崩壊する以前のような経済が右肩上がりの状況であれば、仕入れ価格・製造コストを優先して販売価格を設定できた。この場合、仕入れや原材料の調達は品質だけを吟味すればよかった。しかし、現在では市場が求める価格で提供できるものを、自社の利益を確保したうえで原材料が調達できるのかということを考慮しなければ、商売が成り立たなくなっている。特に小売業では、バイイング能力が業績を左右するといっても過言ではない。市場が求め、利益の確保できる製品・商品をみつけることが、業績向上には不可欠なのである。

生鮮品のように、日々の仕入れ価格に変動があるものは販売価格も日々変化する。しかし、工場生産品は一定期間価格が固定されており、価格の変更が話題になることも多い。理論的には、市場価格に合致していれば値上げをしても問題はないが、そのやり方は慎重を期さなければならない。やはり、ユーザーは値上げに強い抵抗感があるから、それを緩和するためのタイミングや演出は大切なのである。

ただ、近年多用されるようになったシュリンクフレーションはグレーゾーンだ。鳥貴族のように値上げがきっかけとなって収益が悪化すると、値上げをわかりにくくしたいと考える企業が増加する。特にメーカーに多いのが、値段を変えずに内容量を変える（少なくする、あるいは小さくするなど）やり方である。100円ショップなど均一販売を行う小売業者に卸す場合も、それに合わせるために内容量を調整することはよくあることだ。また、上場企業であっても値上げを発表しないことが増えた。このようなやり方は一時的に成功しても、ユーザーはやがて気がつくことになる。そうなると、SNSが発達した昨今ではマイナスの評判がまたたくうちに広がってしまう。すなわち、こういった手法は長い目でみると企業の評価を低下させかねない危険を孕むということだ。それぞれに事情はあるものの、企業の都合ばかりを優先することは避けたいところである。

それでは、どのような値上げをすればよいのか。その最大のポイントは、ユーザーの納得性である。値上げをする理由、そこに至る経緯と企業努力などについて、ユーザーの理解を得られるように説明をすることだ。一般的に企業も社会の一員であるのだから、社会で生活（商取引など）をするのであれば、その実態を広く知らしめる必要がある。得体のしれないところとは、付きあいたくないと考えるのがユーザー（取引先などを含む）の心理だからだ。ディスクロージャーが叫ばれているのも、そういった状況が背景にある。この時、当然のことながら都合の良い情報ばかりを公開していると、かえって信用を失いかねない。値上げに関する情報も同じことなのだ。

もちろん、どれだけ正当な理由があったとしても、値上げを歓迎するユーザーはいない。一時的な客離れは想定しなければならないし、値上げ前の駆け込み需要にも対応する必要がある。また、値上げの時期がわかりにくくなる五月雨《さみだれ》式の値上げもよくない。時期を決めて一斉に行えば、ユーザーに与えるインパクトが一度ですむために、収益の回復も早くなるのだ。さらに、値上げ後にあらわれるユーザーの反応も確認しておく必要がある。値上げが適正価格の範疇で行われたか否かを確認することは、その後の売上を左右しかねないのだ。

カレー専門店のＣｏＣｏ壱番屋は値上げをしつつも、業績を維持している企業である。これは、商品構成がベースのカレーとトッピングで成り立っているため、それぞれが少しずつ価格改定をしても、ユーザーがあまり値上げを意識しないということが大きい。カレー市場は競争の激しい業界ではあるが、こういった販売方法はほかにあまり例がないため、競合他社との比較がしにくい状況にある。すなわち、販売方法にオリジナル性が強いために、相対的な価格比較がされにくいということだ。このようにオリジナル性は、必ずしも商品そのものにだけ発生するのではない。販売方法など付帯サービスも含めて、独自の製品・商品・サービスをつくり出すことがいかに重要かという良い事例といえよう。

●明暗を分ける危機管理

7payがサービス開始から、わずか9か月で廃止に追いやられた。システム設計においてセキュリティが甘かったことにより、不正アクセスが多数発生したためである。これは、QRコード決済システムの問題だと誤解されている部分もあるようだが、単純に事業会社のセキュリティに関する認識が低かっただけのことだ。ややお粗末な事件ではあるものの、企業経営においては発生し得るトラブルだといえよう。よく、「信頼を得るには時間を要するが、それを崩すのは一瞬」などといわれるが、この事例もその代表的なものといえる。こういった問題が発生した時には、クレームの対処と同じ手順を踏むことで一応の解決をみることができる。

すなわち、まず被害を受けたユーザーの意見・要望・問い合わせを聴取してその原因を究明する。この時、ユーザーに対して真摯《しんし》に向きあうと同時に、感謝と謝罪の気持ちを持つことが重要である。なぜならば、ユーザーが意見・要望・問い合わせを行うのは、企業に対して不満があるからではあるが、それは同時に解決を期待しているからでもある。期待を持っているユーザーに、感謝の意をあらわすのは当然であり、迷惑をかけたのであれば謝罪の気持ちを持つのも当たり前なのだ。企業はこの期待に応える努力により、不満を解消し、満足を与えることができるようになるのである。

基本的に、ユーザーの不満は問題を解決することで解消する。ゆえに、万一原因を突きとめられなかったとしても、それが致命的なことにはならない。しかし、原因がわからなければ再発を予防することができなくなり、再び同じ過ちを繰り返すことになってしまう。すべての問題で真の原因まで解明するのは難しいことも多いが、その努力をすることで何らかの対策が打てるようになってくる。

よく、クレームの対処が成功するとそのユーザーがリピーターになるというが、問題を解決しただけではそこに至ることはほとんどない。そうなるためには、もう一段階プロセスを経る必要がある。それは、改善の提案だ。原因が突き止められた時には、再発防止のために改善を行うが、それは本来企業内部の問題である。ユーザーは期待を持って意見・要望・問い合わせをしてきたのであるから、それを解決したら満足するもののそれ以上の感情を持つことはない。

しかし、改善内容を知らせることで、ユーザーのクレームが有意なものであったことを証明することになる。人には誰しも承認欲求があり、

クレーム解決の手順

改善提案の開示はそれを満たすことにつながるのだ。期待に応えれば満足を与えられるが、このように期待を超える対応をすればそれが「感動」に変化する。これが、リピーターをつくるために重要なカギとなるのである。このことは、製品・商品・サービスや企業・店舗運営などでも同様である。ユーザーの期待を超える対応による「感動」が、顧客の創造・囲い込みには最も効果的な方法なのだ。

７ｐａｙの問題は単なるクレームではなく、犯罪に巻き込まれているので、クレーム対応の手順どおりにいかないのは仕方がない部分があったのかもしれない。しかし、トップの記者会見における失態は拭いようがなく、それが問題の注目度を上げたことは間違いない。こういった前例は枚挙に暇がないが、有名なものとしては雪印集団食中毒事件もそうだ。これは２０００年に雪印乳業の乳製品が原因で発生したもので、戦後最大数の被害者を出した。この時、同社の対応は後手に回り、発生から商品回収開始まで4日間を要しただけではなく、状況や経緯の発表は保健所や警察などが先行したことも、同社の信用を失墜させることにつながった。

この時も、致命的だったのがトップによる舌禍である。多数の被害者が苦しんでいる中、マスコミの前で自らの都合を優先させるような発言は、世間の大きな非難を浴びることになった。結果、スノーブランドは地に落ち、一時はその姿を消すことになってしまったのである。もちろん、トップの交代にも発展した。営利企業は収益を求めて積極的に行動している時は強いが、特に後手に回った時の守りには弱いということを露呈した事件であったといえよう。

同様に、大企業のカリスマ的なトップが舌禍事件を起こした例は多々存在する。もちろん、本人の資質も問われるべきであろうが、企業は組織で運営されているということを忘れてはならない。よく、「企業内野党」などという言い方をするが、組織内には必ず俯瞰的に全体を見渡すポジションが必要なのである。社外取締役などもそうだが、できれば日常的に設置されているトップに近い部門において、そういった役割を果たすことが望ましいといえよう。

先にも述べたが、営利企業は営業活動といった「オフェンス」に強みを持つのが当たり前だ。ゆえに、勢いに乗って積極的な展開をしている時には高収益を上げられるが、トラブルが発生して「ディフェンス」を強いられ、対策が後手に回ると一挙に崩れるところが少なくない。トヨタ自動車の「カイゼン」のように、日常の中で問題点をみつけて対策を打つためには、企業論理と世間の間に乖離がないかということを、常に監視している必要がある。それが「社内野党」の役割なのだ。事業活動には常に危機が付きまとう。これを適切に管理することが、これからの企業存続の要となるといっても過言ではない。

おわりに

少子高齢化による人手不足・世界経済の失速・政情不安……、これからの企業環境は、ますます厳しくなっていくようである。そのような中で生き残っていくためには、時代に沿った企業運営の原理・原則を、理解する必要があるのではないだろうか。バブル経済が崩壊する以前と以後で、その原理・原則が大きく変化したと考えられる。以前は経験則によるセオリーに沿っていれば、あとは努力と根性だけでも収益を得ることができた。しかし、今後はユーザーニーズを睨みながらターゲットを絞り、そこに有効なアプローチをしなければ、利益どころか売上すら確保できなくなってしまう。すなわち、事前の情報収集・分析を行って計画的に事業を進めるといった、いわゆるマーケティングという作業を綿密に行わなければならなくなったということだ。

本書で紹介しているさまざまな事例は、こういった原理・原則を理解しているか、綿密なマーケティングを実施したか否かによって、明暗が分かれたものである。過去の栄光ということもあるのだろうが、事業活動では今でも経験則を優先してしまうところが少なくない。歴史に学ぶのは大切なことであるが、その時代背景を理解しなければ教訓を活かすことはできない。さらに、現在の状況を正しく把握してそこに合致するように、アレンジを加える必要があるのだ。

これからますます難しくなると思われる事業活動を進めるうえで、拙著が読者の何らかの参考になれば幸いである。

また、小生がコンサルティング・セミナー・取材などを通じて得た拙いノウハウを、世に送り出す機会を与えてくれた出版社並びに、遅々として進まない原稿を叱咤激励しながら待ち続けてくれた編集担当者に、この場を借りて深謝したい。

西村秀幸

西村 秀幸（にしむら ひでゆき）
1959年京都府生まれ。1983年花園大学文学部卒業。株式会社オートバックスセブンにて広報課長・スーパーバイザー等を歴任。
1998年、同社退社。現在は企業コンサルタント、ビジネス書作家（事例研究やマーケティングを中心としたビジネス書）、新聞・雑誌ライター。作家活動の傍ら、企業事例に基づく顧客満足度・人材育成をメインとする講演、セミナーを行っている。

顧客の心はこうしてつかめ！
伸びる企業・沈む企業の明暗を分けるものとは

2019年12月2日 第1刷発行

著　者	西村 秀幸
発 行 者	千葉 弘志
発 行 所	株式会社ベストブック 〒106-0041 東京都港区麻布台3-4-11 麻布エスビル3階 03（3583）9762（代表） 〒106-0041 東京都港区麻布台3-1-5 日ノ樹ビル5階 03（3585）4459（販売部） http://www.bestbookweb.com
印刷・製本	三松堂株式会社
装　丁	株式会社クリエイティブ・コンセプト

ISBN978-4-8314-0231-8 C0034